Hannelore Risch

Gott tröstet

Von der Kraft, die Trauer zu überwinden

Trauern braucht seine Zeit – oft Jahre.
Danach aber beginnt ein neuer Lebensabschnitt,
den wir als Verwandelte betreten.
Was wir nicht für möglich hielten:
aus dem Leid ist ein Segen geworden.

W0340194

R. Brockhaus Verlag Wuppertal

R. Brockhaus Taschenbuch Bd. 331

2. Auflage 1983

© 1982 R. Brockhaus Verlag Wuppertal
Umschlaggestaltung: Carsten Buschke, Solingen
Umschlagfoto: Skulpturengalerie Preuß, Kulturbesitz, Berlin
Gesamtherstellung: Breklumer Druckerei Manfred Siegel

ISBN 3-417-20331-7

INHALT

I. Tatsache des Todes

Mein Schmerz ist größer
als das Gefäß meiner Trauer.

Auseinandergerissen

Mechanisch gehe ich hinter dem Sarg her, zu betäubt, um irgendwelche Gefühle zu haben. Bin ich es selbst, die ihren Mann begräbt – oder ist es nur meine Hülle? Alles Leben in mir ist erstorben. Es kann gar nicht wahr sein, daß der Lebenssprühende und Heitere tot sein soll! Unmöglich!

Langsam wird der Sarg ins Grab gesenkt. Mit tränenlosen Augen starre ich ihm nach. Da wird mir bewußt: Hier wird ein Teil von mir selbst begraben – der vertrauteste Mensch, den es für mich gibt. In vierzehnjähriger Ehe sind wir zu einer Einheit zusammengewachsen, und jetzt hat der Tod uns gespalten.

Ich sehe ein Bild vor meinem inneren Auge:

Ein Baum, vom Blitz getroffen, klafft auseinander, von der Krone bis zur Wurzel. Die eine Hälfte ist zu Boden gestürzt und fällt den Abhang hinunter. Die andere steht zwar noch aufrecht, ist aber ein Wrack, trauernd, blutend; ein halber Baum, kaum noch lebensfähig.

Werde ich weiterleben können ohne meinen Mann?

Nein, denke ich, an dieser Wunde muß ich verbluten. Sie ist unheilbar.

Die Kinder

Am Abend des Beerdigungstages gehe ich durch unsere Wohnung. Außer meinen Eltern sind alle Vewandten und Freunde abgereist. Unter Tränen hatten sie beim Abschied versprochen, mit uns in naher, herzlicher Verbindung zu bleiben: »Vergiß nie, wir werden immer für dich dasein!« –

Wie still ist jetzt das Haus!

Ich lausche auf die Atemzüge meiner schlafenden Kinder und decke sie leise zu. Ihr habt jetzt keinen Papa mehr, der euch auf den Schoß nimmt, denke ich, keinen, der euch an der Hand hält –, keinen, der euch Geschichten erzählt! –

Wie soll unser Ältester ein Mann werden ohne das helfende Gespräch mit seinem Vater? Wie wird unser sensibler Zehnjähriger den Schock verkraften? Wird sich unser dritter Sohn weiterhin so harmonisch entwickeln? Und wie wird unser einziges Töchterchen in der Pubertät seinen Papa entbehren! Ach, unsere zweijährigen Zwillingsbuben werden ihren Vater nicht einmal in Erinnerung behalten!

O Gott, wie konntest du unseren Kindern dieses Leid zufügen! »Nun mußt du ihnen Mutter und Vater zugleich sein!« haben viele nach der Beerdigung zu mir gesagt. Nein, das werde ich nicht können. Ich fühle mich überfordert und am Ende meiner Kraft.

Wo ist Hilfe?

»Du Vater aller Kinder, du hast den meinen ihren irdischen Vater weggenommen. Nun will ich dir heute ganz bewußt die väterliche Verantwortung für meine Kinder übertragen. Deine Vatertreue ist ohne Grenzen, besonders wenn meine Kinder in Schwierigkeiten geraten. Darauf will ich mich verlassen, sonst müßte ich verzweifeln. Amen«

Mein Gebet für die Probleme, die ich Gott übergeben darf:

Der leere Platz

In der Tür zu unserem Schlafzimmer bleibe ich stehen und starre auf die beiden Betten. Auch das ist jetzt vorbei: keine Umarmung mehr, keine körperliche Nähe, niemals mehr ein zärtliches Aufeinanderzugehen. Mit 36 Jahren Witwe!

Ich spüre, daß ich den täglichen Anblick des leeren Ehebettes nicht ertragen kann. So richte ich mir eine Schlafgelegenheit auf der Couch ein.

Lange liege ich wach und grüble: Ein weiter Bereich meines Lebens liegt nun brach: meine Ehe. Sie hatte mich erfüllt und war die Mitte meines Lebens. Obwohl die Kinder meine ganze Kraft fordern, sind doch Denken und Lieben um meinen Mann gekreist. Wem soll ich mich jetzt mit meiner Liebe zuwenden? Den Kindern?

»Mir!« antwortet eine klare Stimme in meinem Innern, »ich habe all die Jahre umsonst auf deine Liebe gewartet! Du warst so beschäftigt mit Mann und Kindern, daß ich nur am Rande deines Lebens stand.« – »Wer bist du?« – »Ich bin der, den du vernachlässigt hast, der dich aber mehr liebt, als du je geliebt worden bist.«

Ich erlebe einen der seltenen durchsichtigen Augenblicke meines Lebens.

> *»Gott muß uns aushöhlen und entleeren,*
> *um in uns einzudringen.«*
>
> Teilhard de Chardin

Der Traum

Im Büro steht die Aktentasche meines Mannes mit den persönlichen Dingen auf ihrem Platz, als hätte er sie eben da abgestellt. Seine Bücher und sein Schreibtisch scheinen auf ihn zu warten. »Wann kommt unser Papa wieder heim?« fragen die Zwillinge. Auch ich habe die Vorstellung: Er wird die Treppe heraufkommen, seine Tasche absetzen, uns lachend in die Arme schließen und sagen: »Gut, daß ich wieder bei euch bin!«

In der Nacht träume ich: Er hat den Telefonhörer am Ohr und spricht vergnügt mit jemandem. »Hermann«, rufe ich, »ich hatte den schrecklichen Traum, du wärst gestorben! Aber jetzt sehe ich: du lebst und bist im Dienst!« Strahlend nickt er mir zu. Von allem Druck befreit, wache ich auf. Da fällt mein Blick auf die schwarzen Kleider über der Stuhllehne, und wie eine Zentnerlast legt es sich auf mein Herz: Nur im Traum lebt er! In Wirklichkeit ist er gestorben!

Bedrückt ziehe ich die schwarze Bluse an, den schwarzen Rock, die schwarzen Schuhe. »Herr, gib mir wenigstens Kraft für diesen heutigen Tag!«

Früher konnte ich den großen Haushalt mühelos bewältigen, aber jetzt bin ich schon am Morgen erschöpft. Trauern ist Schwerstarbeit. Nur mit großer Anstrengung kann ich die dringendsten Hausarbeiten erledigen; manches bleibt liegen.

Gib mir Kraft für einen Tag!
Herr, ich bitte nur für diesen,
daß mir werde zugewiesen,
was ich heute brauchen mag.

Meine Hoffnung auf Gottes Hilfe versuche ich dort anzuknüpfen, wo ich sie vor Jahren erlebt habe. Darum erinnere ich mich jetzt wieder, wie er mich früher in schweren Zeiten durchgetragen hat. Hat er damals mir geholfen, wird er doch jetzt mich nicht im Stich lassen?

Einladung durch Christus:

Kommt her zu mir alle,
die ihr mühselig und beladen seid!
Ich will euch erquicken. Matthäus 11,28

Erschöpft

Nicht nur seelisch ausgeblutet, sondern auch körperlich erschöpft, das ist mein Zustand; hatte ich doch sieben Wochen lang täglich meinen Mann im Krankenhaus besucht und mußte zusehen, wie er zwischen Tod und Leben schwebte, ohne ihm helfen zu können.

Manche Trauernde haben jahrelang einen geliebten Menschen gepflegt, bis der Tod wie eine Erlösung kam. Ein langes Abschiednehmen, vorweggenommene Trauer, Hoffen und Bangen, das die letzten Kräfte kostet.

»Du solltest jetzt einmal richtig ausschlafen«, raten mir liebe Freunde, »und ein Stärkungsmittel zu dir nehmen!« – »Mit den Kindern Wanderungen machen!« – »Ordentlich essen und trinken, damit du wieder zu Kräften kommst!«

Ich selbst sehne mich nur nach Ruhe, nichts als Ruhe, um Herr zu werden über meine Verwirrung und inwendige Leere. Am liebsten einschlafen und nicht mehr aufwachen!

Obwohl ich äußerlich vieles tue und sehr beschäftigt wirke, lebe ich in Wirklichkeit isoliert von meiner Umwelt. Mein äußerer Mensch sieht und hört zwar, was um mich vorgeht, aber meine Seele irrt durch verwundene Gänge und sucht ihn, den sie verloren hat. Habe ich mit ihm nicht auch mich selber verloren? Was bin ich ohne meinen Mann? Nicht nur er ist weggegangen, ich selber kann mich nicht mehr finden. Ergebnisloses Suchen – wie erschöpft und verstört es mich! Wie lange wird dieser Zustand andauern?

Als meine Eltern abgereist waren, mußte ich wieder lernen, meinen Tag zu planen, um das Suchen und Treibenlassen einzudämmen:

1. Noch eine halbe Stunde sinnend im Bett liegenbleiben
2. Duschen und ausführlich mit den Kindern frühstücken
3. »Stille Zeit« halten – vor Gott nachdenken und beten
4. Einkaufengehen und bei Gesprächen nicht abwesend sein
5. . . .

Die Faszination des Todes

An manchen Tagen sehe ich, wo ich geh und steh, meines Mannes sterbendes Gesicht vor mir, sein Todesleiden, sein letzter Atemzug in meinen Armen . . . Immer wieder erlebe ich sein Sterben. Wie ein Magnet zieht es meine Gedanken an.

Man sagt, in Indien mußte sich die Witwe mit ihrem toten Mann verbrennen lassen. Auch ich durchleide die Anziehungskraft des Todes: ein dunkler Sog, der mich hinunterzieht. Aber ich will noch weiterleben! Plötzlich eine Eingebung: »Was starrst du andauernd in das Todesgrauen? Schau weg vom Tod – hin zu Gott!«

Ich entschließe mich, ein »Überlebenstraining« zu beginnen: Von jetzt an reiße ich mit der Anstrengung eines Ertrinkenden die Gedanken immer wieder weg vom Sterben und befehle ihnen: »Schwingt euch auf zu euerm Gott; denn er ist stärker als der Tod!«

Trotz schmerzlicher Erinnerungen hole ich die Lieder, die mein Mann geschrieben hatte, und singe sie leise vor mich hin. Oder ich schlage das Gesangbuch auf und suche mir Choräle über das ewige Leben. Jetzt weiß ich es: Er liegt nicht mehr im Sterben. Er lebt. Der Tod hat keine Macht mehr über ihn.

Beim Lesen der Trauerpost hilft mir eine Karte:

Sieh nicht in das Grab,
sieh nicht hinter das Grab.
Vor dem Grabe stehe ich.
Sieh mich an, sagt Jesus, denn
ich bin die Auferstehung und das Leben!

Martin Kähler

Wir wollen nicht trauern,
daß wir ſie verloren haben,
ſondern dankbar ſein dafür,
daß wir ſie gehabt haben,
ja, auch jetzt noch beſitzen,

denn wer heimkehrt zum
HERRN,
bleibt in der Gemeinſchaft
der Gottesfamilie und iſt
nur vorausgegangen.

HIERONYMUS 331–420

II. Auseinandersetzung mit sich selbst

Ich verirre mich
im Labyrinth meiner Verzweiflung.
Wo nur ist der Ausweg?

Wer ist schuld?

Meine Gedanken suchen den Schuldigen am Tod meines Mannes.

Die Ärzte sind schuld; sie haben die Krankheit nicht rechtzeitig erkannt. Sie sprachen auch nicht deutlich genug vom Risiko der Operation. Wir hätten sonst nicht eingewilligt.

Nein, ich bin schuld: Ich hätte bei den ersten Krankheitsanzeichen auf eine Berufsänderung dringen sollen.

Er selbst war schuld, wage ich sogar zu denken. Er hätte auf seine Gesundheit achten müssen.

Niemand stirbt an einer Krankheit, sondern nur am Willen Gottes, erinnere ich mich.

Also ist Gott schuld: er hätte den Tod verhindern können. Nicht nur die Kinder und ich, wie viele haben ihn doch um Genesung angefleht. Es wäre ihm leicht gewesen, unsere Bitte zu erfüllen; aber er wollte nicht.

So gab Gott dem Tod die Erlaubnis, den Körper meines Mannes sterben zu lassen – dem Tod, der alle dahinrafft. Gott und der Tod – sinniere ich. Ist der Tod Gottes Diener oder Gottes Feind?

Hat der Herr nicht alles darangesetzt, um den Tod zu vernichten? Ja, gewonnen war schon die entscheidende Schlacht, als Christus aus dem Grab auferstand, und der Tod ohnmächtig zusehen mußte.

Es wird ein Tag kommen, ein wunderbarer Tag, wo es keinen Tod mehr gibt!

Ich schlage 1. Korinther 15 auf und lese:

Der Tod ist verschlungen in den Sieg!
Tod, wo ist dein Stachel?
Hölle, wo ist dein Sieg?

Gott aber sei Dank,
der uns den Sieg gegeben hat
durch unseren Herrn Jesus Christus!

Ernst Barlach

Jesus betet im Garten Gethsemane:

»Mein Vater, wenn es möglich ist, laß diesen Leidenskelch an mir vorübergehen! Aber es soll geschehen, was du willst, nicht was ich will!« Matthäus 26,39

Ja, Vater!

Wie kommt es eigentlich, daß ich nur Ehepaare sehe? Männer gehen mit ihren Frauen in die Kirche – nur ich bin einsam; Männer kaufen zusammen mit ihren Frauen ein – nur ich bin allein; Väter halten ihre Kinder an der Hand – nur wir haben keinen; Familien fahren zusammen im Auto fort – nur wir nicht!

Ich klage vor Gott und klage an und weiß doch, daß er mir keine Rechenschaft schuldig ist.

In Gedanken sehe ich vor mir einen Wegweiser mit zwei Armen. Nur zwei Möglichkeiten gibt es für mich: Entweder rebelliere ich weiter gegen Gott und werde zerrieben – oder ich sage: »Ja, Vater!« – und komme innerlich zur Ruhe; entweder nähre ich den Groll gegen Gott und werde bitter – oder ich halte ihm vertrauensvoll meine innere Wunde zur Heilung hin.

Es war mir, als bäte Gott mich: »Gib mir dein Ja! Sag ja zu dem Weg, den ich dich führe, auch wenn du ihn noch nicht als richtig erkennen kannst!«

Jesus selbst hat um das Ja gerungen. Nach diesem Kampf konnte er beten:

»Ja, Vater, ja von Herzensgrund,
leg auf, ich will es tragen!« EKG 62,3

Und Jesus nahm sein Kreuz auf sich und trug's nach Golgatha.

So will auch ich mein Kreuz auf mich nehmen und mich ihm anschließen.

Wohin führt dieser Weg? Mir scheint, als ging es noch tiefer ins Dunkle hinein. Werde ich je wieder herauskommen?

DEIN KREUZ

Gott hat das Kreuz vor aller Zeit ausersehen zum Heil der Welt. † † †

Durch Christus hat er es gesetzt zum Zeichen für alle Menschen. † † † † †

Er legte es dir auf zur Nachfolge und zur Teilhabe am Schmerz Gottes. Bevor er es dir schickte, hat er dieses Kreuz mit Aufmerksamkeit betrachtet, mit väterlicher Weisheit durchdacht, durchwärmt mit liebendem Herzen, gewogen in gütigen Händen und geprüft, ob es nicht einen Millimeter zu groß oder ein Milligramm zu schwer ist. † †

Gesegnet hat er es mit dem Trost seiner Gegenwart, bedacht mit dem Reichtum seiner Gnade, beschenkt mit seiner erbarmenden Kraft. † † † †

Dann hat er noch einmal auf dich und deinen Mut geblickt, und so kommt es schließlich zu dir als ein persönlicher Gruß Gottes an dich und als Zeichen seiner tiefen Liebe.

(nach Franz v. Sales)

In Gottes Hand

Ich will mich fügen und halten still
und mich begnügen, wie Gott es will.

Ich will nicht fragen: Warum dies mir?
Du wirst mich tragen, mein Gott, zu dir.

Und mag zerbrechen die ganze Welt,
so darf ich sprechen: Wie's Gott gefällt.

Ich bin geborgen, o selger Stand,
so heut wie morgen, in Gottes Hand.

G. Fritzsche

Neues Vertrauen keimt

Manche Freunde haben ihren Kondolenzbriefen den gleichen Spruch beigelegt. Beim Öffnen der Briefe fällt er mir immer wieder in die Hände:

Mein Vater,
ich verstehe dich nicht,
aber ich vertraue dir!

Den Satz: »ich verstehe dich nicht« kann ich voll bejahen. Aber kann ich in Gott noch meinen Vater sehen? Oft können Kinder das Handeln ihres Vaters nicht begreifen – dennoch ist und bleibt er ihr Vater; die Kindschaft wird dadurch nicht aufgelöst.

»Mein Vater«, spreche ich, »wenn ich dich auch nicht verstehe, bleibe ich doch dein Kind! Aber mein Vertrauen zu dir ist zerbrochen, denn du hast unsere Gebete um Genesung nicht erhört. Du siehst, die Fundamente meines Lebens sind erschüttert. Worauf soll ich jetzt bauen, wenn nicht auf dich? Mein Vater, schenke mir doch wieder neues Vertrauen zu dir!«

Warum?

Eine bohrende Frage beherrscht mein Denken: »Warum gerade ich?« Als ich es wage, sie jemandem auszusprechen, werde ich korrigiert: »Ein Christ fragt nicht nach dem Warum, sondern nach dem Wozu?« Aber hat nicht auch Jesus geschrien: »Mein Gott, warum . . .?«

In mir sitzt die Angst, aus dem Bereich seiner Güte hinausgestoßen zu sein in die Verlassenheit: Gott straft mich! Ich quäle mich ab in dem dunklen Gefängnis der Verzweiflung. Doch plötzlich habe ich den Schlüssel in der Hand, er paßt ins Schloß, die Gefängnistür springt auf! Heißt es nicht: »Die Strafe liegt auf ihm, damit wir Frieden haben!« (Jes. 53,5)?

Nicht eine Bestrafte bin ich, sondern eine Befreite; denn Christus hat meine Strafe auf sich genommen, weil er mich liebhat.

Also nicht *bestraft*, vielmehr *geliebt!* Geliebt von Gott!

Doch welches Ziel hat er, wenn er mir dieses Leid zufügt? Bei Jesaja 48,10 finde ich einen Hinweis:

»Geprüft habe ich dich im Glutofen des Leides!« spricht Gott.

Er ist der Schmelzende und zugleich der Goldschmied. Er schmilzt das Edelmetall im Tiegel und bestimmt den Hitzegrad, bis es von aller Schlacke gereinigt ist. Geduldig wartet er, bis das brodelnde Metall sich beruhigt und die Oberfläche so glatt ist, daß sie sein Antlitz widerspiegelt. Erst danach kann der Goldschmied das reine Gold oder Silber nach seinem Plan zu einer Kostbarkeit formen. Rohes Erz wird verwandelt in ein Kunstwerk!

Ich ahne noch nicht, daß ich diese schmerzhafte Prozedur erleiden muß, um als Veränderte ein neues Land zu betreten; denn angenommenes Leid trägt viel zu unserer Verwandlung bei.

Hanna Nagel: Hiob

Hiob und seine Frau

Ich erinnere mich gut an die Zeit, als ich 32 Jahre alt war. Wir hatten vier gesunde Kinder, wohnten in einem Haus mit einem großen Garten, ich war vital und voller Zukunftshoffnung. Da wünschte ich mir als krönenden Abschluß unserer Kinderschar Zwillinge! Schon ein Jahr später hatte ich rechts und links je einen sechspfundschweren, neugeborenen Buben im Arm! Ich schaute in das erstaunte Gesicht meines Mannes und neckte ihn: »Jetzt brauch' ich erst einmal Zeit, um mein Glück zu ordnen!« Die ganze Nacht lag ich wach und dachte über die aufregende Tatsache nach, daß Gottes Segen handgreiflich über unserer Familie liegt: da war die Liebe meines Mannes, seine berufliche Aufgabe, die auch mich bereicherte, und jetzt vor allem fünf Söhne und dazwischen eine Tochter, Lebenserfüllung und so viel Bewahrung, freundliche Führung und Hilfe in all den Jahren! Ich nahm Gottes Segen fast wie selbstverständlich an, als stünde er mir zu.

Knapp drei Jahre später war mein »ganzes Glück« zerbrochen. Und jetzt? Wo ist nun Gottes Güte? Verdunkelt war sie mir durch Trennungsschmerz und Verlassenheit.

Da stieg aus der Tiefe in mir ein unbekannter Drang auf, finster, wie angeboren – eine satanische Macht: »Sage Gott ab und stirb!«

Wer spricht so? Ich kenne doch diesen Satz!

Es war Hiobs Frau. Sie war verzweifelt. Durch einen Orkan hatte sie auf einen Schlag alle ihre Kinder verloren. Kurz vorher waren sie arme Leute geworden. Ihr Mann konnte ihr in ihrem Leid keine Stütze sein. Er saß schwerkrank als ein Ausgestoßener auf einem Aschenhaufen und schabte sich mit einer Tonscherbe die juckenden Eiterbeulen. Was hatte sie jetzt noch vom Leben? Gott hatte diesen Zerbruch zugelassen. So sagte sie zu ihrem Mann: »Hältst du jetzt immer noch an deinem Glauben fest? Sage Gott ab und stirb!«

Der Schwergeprüfte dachte an all die schönen Jahre, da Gott ihn mit einer großen Familie, Viehherden, Ansehen und Erfolg gesegnet hatte. Gleichzeitig litt er an seinem erbärmlichen Zustand. Hatte Gott sich gegen ihn gewandt? Dann konnte er ja mit gutem Gewissen Gott absagen. Hiob stand jetzt vor einer wichtigen Entscheidung, und die unsichtbare Welt hielt den Atem an: Wie wird er jetzt reagieren?

Hiob entschloß sich trotz allem, Gott treu zu bleiben, auch wenn er dessen Handeln nicht verstand. Er verbiß sich in Gottes Gerechtigkeit: Leid ist nicht Strafe!

Seiner Frau antwortete er: »Haben wir Gutes von Gott empfangen, warum sollten wir das Böse nicht auch annehmen?« (Hiob 2) Er klagte vor Gott und rebellierte, doch in seiner Verzweiflung hakte er sich an Gott fest. Dadurch bewies Hiob, daß er dem Geber nicht um der Gaben willen diente, sondern ihn selbst auch dann noch liebt, wenn er seine Geschenke wieder zurücknimmt. Auf die indirekte Frage Gottes: »Liebst du mich deshalb, weil ich deinen Glauben mit Gutem belohne?«, antwortete Hiob durch sein Verhalten: »Ich hänge an dir, auch wenn ich zur Zeit von deiner Güte keinen Schimmer mehr sehen kann!«

Ich denke jetzt viel an Hiob und seine Frau und frage mich: Wie ist nun mitten im Leiden mein Verhältnis zu Gott?

Gott, zu dir rufe ich

In mir ist es finster – aber bei dir ist das Licht.
Ich bin einsam – aber du verläßt mich nicht.
Ich bin kleinmütig – aber bei dir ist Hilfe.
Ich bin unruhig – aber bei dir ist Friede.
In mir ist Bitterkeit – aber bei dir ist die Geduld.
Ich verstehe deine Führung nicht – aber du weißt den Weg für mich.

Dietrich Bonhoeffer

Viel Frucht aus Leid

Ein Weizenkorn in meiner Hand, mattschimmernd, rundlich und gelb. Wie vereinzelt wirkt es, als sei es nicht am rechten Platz. Darum lege ich es in feuchte Erde und decke es zu. Was wird jetzt geschehen? Unansehnlich und grau wird's, es fault und stirbt bis auf seinen Lebenskeim, von dem vorher nichts zu sehen war. Der regt sich jetzt in der Dunkelheit, will zum Licht, wachsen und grünen. Aber da sind Steine, die den Keim erdrücken wollen, schwere Steine. Doch er wird seinen Weg finden, denn das Leben ist stärker als die Last. Eine kräftige Wurzel wird ihn halten und nähren; so kann er blühen, befruchtet werden und Körner tragen.

Auch in mir regt sich aus dem Erstorbensein ein Drang zum Leben. Er sucht tastend einen Weg ins Helle und will Frucht tragen.

Nicht sinnlos ist die Leiderfahrung:

Leid, das für und mit Christus getragen wird, bringt reiche Frucht hervor, die Gott ernten wird; denn solches Leid hat schöpferische Kraft. Es schafft eine ewige Herrlichkeit, die sich jetzt schon auszubreiten beginnt über denen, die leiden. Wenn wir diese Herrlichkeit erleben, werden wir Gott danken für das Leid unseres Lebens.

»Die Leiden,
die ich jetzt ertragen muß,
wiegen nicht schwer
und gehen vorüber.
Sie werden mir eine Herrlichkeit schaffen,
die alle Vorstellungen übersteigt
und kein Ende hat.«

Paulus im 2. Korintherbrief (4,17)

Endlich bricht der heiße Tiegel

1. Endlich bricht der heiße Tiegel, und der Glaub empfängt sein Siegel als im Feur bewährtes Gold, da der Herr durch tiefe Leiden uns hier zu den hohen Freuden jener Welt bereiten wollt.

2. Unter Leiden prägt der Meister in die Herzen, in die Geister sein allgeltend Bildnis ein. Wie er dieses Leibes Töpfer, will er auch des künftgen Schöpfer auf dem Weg der Leiden sein.

3. Leiden bringt empörte Glieder endlich zum Gehorsam wieder, macht sie Christo untertan, daß er die gebrochnen Kräfte zu dem Heiligungsgeschäfte sanft und still erneuern kann.

4. Leiden sammelt unsre Sinne, daß die Seele nicht zerrinne in den Bildern dieser Welt, ist wie eine Engelwache, die im innersten Gemache des Gemütes Ordnung hält.

5. Leiden stimmt des Herzens Saiten für den Psalm der Ewigkeiten, lehrt mit Sehnsucht dorthin sehn, wo die selgen Palmenträger mit dem Chor der Harfenschläger preisend vor dem Throne stehn.

6. Leiden fördert unsre Schritte, Leiden weiht die Leibeshütte zu dem Schlaf in kühler Gruft; es gleicht einem frohen Boten jenes Frühlings, der die Toten zum Empfang des Lebens ruft.

7. Leiden macht das Wort verständlich, Leiden macht in allem gründlich; Leiden, wer ist deiner wert? Hier heißt man dich eine Bürde, droben bist du eine Würde, die nicht jedem widerfährt.

8. Brüder, solche Leidensgnade wird in mannigfachem Grade Jesu Jüngern kundgemacht, wenn sie mancher Schmerz durchwühlet, wenn sie manchen Tod gefühlet, Nächte seufzend durchgewacht.

9. Im Gefühl der tiefsten Schmerzen dringt das Herz zu Jesu Herzen immer liebender hinan; und um eins nur fleht es sehnlich: mache deinem Tod mich ähnlich, daß ich mit dir leben kann!

10. Endlich mit der Seufzer Fülle bricht der Geist durch jede Hülle, und der Vorhang reißt entzwei. Wer ermisset dann hienieden, welch ein Meer von Gottesfrieden droben ihm bereitet sei?

11. Jesu, laß zu jenen Höhen heller stets hinauf uns sehen, bis die letzte Stunde schlägt, da auch uns nach treuem Ringen heim zu dir auf lichten Schwingen eine Schar der Engel trägt.

Nach Karl Friedrich Harttmann 1782 bearbeitet von Albert Knapp 1837

Geduld

An einem Sonntag gehe ich zum Gottesdienst mit der Frage: »Wie soll ich mich in dieser neuen Lebenssituation verhalten? Worauf kommt es im Augenblick an?« Schon im Eingangslied gibt Gott mir eine klare Antwort. Wir singen: ». . . in allem Kreuz erhalte mich, auf das ich's trag geduldiglich!« Vor meinem inneren Auge steht groß das Wort GEDULD als eine aus Leid gewachsene Frucht. Ich sinne darüber nach: Geduldig sein, nicht aufgeben und passiv sein, sondern tragen und die Schultern darunter stemmen. Meiner Tragfähigkeit wird das Schwerste zugemutet. Werde ich beharrlich sein und durchhalten können?

Es tröstet mich, daß am Schluß des Gottesdienstes für Trauernde, Witwen und Waisen gebetet wird. Dabei wird mir klar, daß der göttliche Kreuzträger seine Schulter unter meine Last stemmt.

Training zum Überleben

Fernsehen und Zeitung interessieren mich kaum noch; denn mein Denken ist konzentriert auf mein Leid und die anstrengende Trauerverarbeitung. Das erfordert meine ganze Kraft. Die Neuigkeiten in der Welt erscheinen mir belanglos dagegen. Ich weiß: heilen können sie nicht, höchstens ablenken.

So höre ich auf eine bessere Stimme.

Morgens wache ich auf mit einer gewissen Neugier: »Mein Herr, was willst du mir heute sagen?« Noch nie in meinem Leben hatte ich solches Verlangen danach, Gottes Reden zu vernehmen. Sein Schweigen hätte ich nicht ertragen können. Er spricht zu mir durch die Bibel, und ich bin betroffen: Nicht wie Menschen redet er, denn ich höre keine Vorwürfe, die ich nach durchtrauerten Nächten erwartet hätte, keine Appelle zur Tapferkeit, kein »Kopf hoch« – nur tröstende Liebe und zärtliche Fürsorge. Er versteht mich. Er hat Mitleid mit mir. Meine Angst vor Gott verwandelt sich in Staunen über seine ganz persönliche Güte. Selbst um meine alltäglichen Kleinigkeiten kümmert er sich und schenkt mir Begegnungen und Hilfen.

So lese ich morgens etwa einen Psalm, z.B. Psalm 121 oder 91 und unterstreiche, was mir bedeutsam ist. Wenn mir eine Stelle unklar bleibt, setze ich ein Fragezeichen an den Rand und lese weiter. Mit neuen Augen erfasse ich Jesu Leidensgeschichte, wie sie Matthäus, Markus, Lukas und Johannes berichten. Nie zuvor hatte sie diese Bedeutung für mich: mein persönlicher Schmerz mündet ein in den Schmerz Jesu wie ein Bach in das Meer. Gottes Sohn leidet mit mir und ich mit ihm.

Das muß ich unbedingt festhalten, daß ich es nie mehr vergesse; so schreibe ich auf eine Faltkarte und stelle sie neben das Bild meines Mannes:

Jesus war verlassen –	aber ich bin nicht verlassen, er ist bei mir
Jesus war gefangen –	er kennt das Gefängnis meiner Trauerdepression und wird es mir öffnen
Jesus schritt durch Sterben zur Auferstehung –	er führt auch mich durch Todesdunkel zu neuem Leben

Ernst Barlach

»Wenn du einen bitteren Kelch
vor dir stehen hast,
dann trinke ihn in Gemeinschaft mit Christus.«
Oswald Chambers

Der fehlende Gesprächspartner

Mein Mann hatte sich angewöhnt, wenn er nach Hause kam, mir von seiner Arbeit zu erzählen, von Reisen, Begegnungen und Problemen. Diese Berichte waren für mich wie ein Fenster in die Welt. Wenn er Vorträge ausarbeitete, besprach er sie oft mit mir; sein Berufsleben war mir vertraut. Nicht eingeengt fühlte ich mich zwischen Küche und Kinderzimmer. Ich freute mich schon auf die Zeit, wenn die Kinder groß sein würden und ich mit meinem Mann gemeinsam arbeiten könnte.

Daher kommt es, daß ich ihn jetzt am meisten als Gesprächspartner vermisse. Mit wem mein Leben teilen? Wie eng ist es geworden! Wer schenkt mir Anteil am Berufsleben? Wer ermutigt mich bei Enttäuschungen? Wen kann ich um Rat fragen, mit wem Pläne schmieden? Wer steht zu mir bei Zurücksetzungen und schützt mich vor verletzenden Bemerkungen? Wer teilt seine Freuden mit mir?

Wie werde ich auf die Dauer meine Einsamkeit verkraften, ohne zu verlernen, mich mitzuteilen? Ich bin schweigsam geworden, entgegen meiner Natur, halte lautlose Monologe und blicke ins Leere. Wie die Schnecke im Winter kapsle ich mich ein und wirke auf andere gefühllos.

Besonders an den Abenden fehlt mir die Möglichkeit, die Tagesprobleme im Gespräch zu bewältigen. Bis in die Nacht verfolgen sie mich und rauben mir den Schlaf. Gerade in den Nachtstunden wächst das Gefühl der Ungeborgenheit und Gefährdung.

Alkohol und Schlaftabletten würden mich nur in sklavische Abhängigkeit bringen. Sie können nicht innen heilen.

Aber ich habe doch ein Heilmittel gefunden: mein Herz vor Gott auszuschütten, ganz unsortiert ihm alles zu sagen!

Zuerst habe ich Hemmungen, negative Gefühle auszusprechen. Doch dann wird mir klar: Welcher Vater hört nicht aufmerksam zu, wenn sein Kind ehrlich ist? Dadurch wird das Vater-Kind-Verhältnis nur vertieft.

Mein Gebet:

Mein Vater, du siehst ganz genau, wie es mir geht. Trotzdem will ich zu meiner Erleichterung dir alles sagen, was mich belastet, was mich bewegt:

..

..

.. Amen.

Das andere Heilmittel ist, Gespräche mit reifen Menschen suchen, die Leid durchlitten haben. Ihre Erfahrungen sind mir wie Perlen in einer unscheinbaren Muschel. Perlen entstehen durch Verletzung der Perlmuschel. So »wuchsen« durch Verwundungen im Leben dieser Menschen »Perlen«, die immer klarer schimmern. Solche Gespräche mit Leidgeprüften verhelfen mir zur Klärung meiner Lage. Ich staune: Gott kann aus Tränen Perlen machen!

Mein Gesprächskreis hat sich geweitet. Mit der Zeit wird er größer, als er während meiner Ehe war, und hilft mir, nicht zu verlernen, mich mitzuteilen.

Im Irrgarten der Gefühle

Mein Gefühlsleben ist völlig durcheinander geraten. Zeitweise packt mich eine nie gekannte Angst, auch sterben zu müssen und sechs Vollwaisen zu hinterlassen, die in der Verwandtschaft aufgeteilt oder ins Internat geschickt würden. Erst als meine Freundin mir verspricht, alle meine Kinder zu sich zu nehmen, kann ich mich beruhigen.

Oft empfinde ich ein starkes Verlangen, Gespräche mit anderen zu haben, jedoch möchte ich meistens nicht über meinen Verlust sprechen. Diese wunde Stelle darf nicht berührt werden. Ich erlebe den Austausch mancher Gedanken und bilde mir ein, es sei alles noch so wie früher.

Dann wieder bin ich ganz apathisch, ziehe mich zurück und spreche mit den Kindern nur das Notwendigste, was für sie ein doppelter Verlust ist, da sie schon das Gespräch mit ihrem Vater entbehren müssen. Bald danach sehne ich mich, Verwandtenbesuche, Einladungen und Telefonanrufe zu erhalten; und wenn keine eintreffen, bin ich verletzt und voller Vorwürfe: »Vergessen bin ich! Von allen verlassen! Sogar von meinem Mann! Er hat's gut, ist von allem befreit – während ich jetzt allein die Bürde des Lebens und der Familie tragen muß!«

Eines Nachts träume ich:

Mein Mann und ich sitzen im Zug. Eine Station vor unserem Ziel erhebt er sich und sagt: »Es tut mir leid, Liebes, daß ich jetzt schon aussteigen muß! Glaube mir, ich wäre gerne noch das letzte Stück mit dir gefahren. Aber es geht nicht!« Schon steht er auf dem Bahnsteig, nickt mir zu, während der Zug anfährt. Wir winken einander. Seine Gestalt wird kleiner und kleiner.

Seltsam, daß Träume helfen können. Von da an mache ich meinem Mann keine Vorwürfe mehr, daß er mich verlassen habe.

Selbstmitleid

Trauernden werden Worte des Bedauerns entgegengebracht. Wer sie annimmt, bedauert bald sich selbst. Das Mitleid, das man mir schenkt, verwandelt sich in mir zu Selbstmitleid: »Ich arme, verlassene Frau . . .!« Und schon fühle ich mich zu schwach, bestimmte Probleme anzupakken. Selbstmitleid schwächt, stelle ich fest, aber Danken macht stark!

Darum werde ich von jetzt an gegen das Selbstmitleid kämpfen! Im Geist sehe ich mich als Kämpferin mit erhobenem Schwert, und laut spreche ich: »Hiermit sage ich dem Selbstmitleid den Kampf an! Denn es ist mein Feind!«

Am Arm trage ich einen Schild, darauf steht: »Danken macht stark!« So übe ich mich im Danken, auch wenn es mir schwerfällt: die Kinder sind gesund – die Wohnungsfrage hat sich geklärt – jemand hilft mir, Formulare auszufüllen – ich habe einen aufmunternden Telefonanruf erhalten – die Krokusse blühen – Gott gibt mir Kraft für jeden Tag! Vielen Dank!

Wollte ich Gott für alles danken, bliebe mir keine Zeit fürs Selbstmitleid.

Ich stelle mir ein Kärtchen auf den Schreibtisch:

»Täglich ein Klagelied weniger
und ein Danklied mehr!«

Friedrich v. Bodelschwingh

Hat Gott sich geirrt?

Beim Öffnen eines Briefes fällt ein Zettel heraus. Kopfschüttelnd lese ich den Liedvers:

Ob deines Wegs dich nicht betrübe,
dich führet Gott, des Vaters Liebe.
Den besten Weg erdacht Er sich,
sonst führt Er einen andern dich. M. B.

»Was?«, rufe ich laut, »dieses Leben ohne den Mann und den Vater soll das beste für uns alle sein? Niemals!«

Kurze Zeit später höre ich die Holländerin Corrie ten Boom predigen, die im KZ Ravensbrück Entsetzliches durchlitten hatte. Sie zeigt der Gemeinde ein Stück Stoff mit einer wirren Stickerei; ungeordnet laufen bunte Fäden kreuz und quer. »Kannst du einen Sinn darin erkennen, irgendein Muster?« fragt sie uns. Wir verneinen. Da dreht sie den Stoff um, und wir erblicken eine wunderbar gestickte Krone. Corrie ten Boom, die sie entworfen und gestickt hatte, sah sie immer vor sich; aber wir konnten zuerst nur die sinnlose Rückseite sehen.

Hatte ich bisher nicht immer nur auf den groben Fehler in meinem Lebensmuster gestarrt? Aber Gott, der es liebevoll entworfen hatte, der arbeitet nun in Geduld an der Verwirklichung seiner Pläne für uns. Eines Tages werden wir mit Staunen das Ziel seiner Lebensführung erkennen.

Ich befestige den neuen Liedvers in der Küche an einer Stelle, wo er mir dauernd ins Auge springt, und »studiere« ihn Tag für Tag: Nur Liebesabsichten sind die Beweggründe für den Vater, uns diesen Trauerweg zu führen! Dann ist also mein Mann mit 43 Jahren nicht vorzeitig gestorben, sondern Gott hat ihn rechtzeitig zu sich genommen? Wollte er ihn vor qualvollen Leiden, vor bitterem Kummer, vor kommendem Übel bewahren? Gott hatte genügend Grund dazu und wird ihn uns eines Tages erklären. So will ich im Vertrauen diesen »besten« Weg unter die Füße nehmen, wenn er auch noch so ungangbar aussieht, denn:

»Gottes Wege sind vollkommen!«

Psalm 18,31

Schwarz auf weiß

Gott ist Liebe, schreibt Johannes in seinem ersten Brief. Doch in Tagen der Depression und in durchtrauerten Nächten ist mir diese Liebe verdunkelt. Was ist das für eine göttliche Liebe, die unseren sechs Kindern den Vater und mir den Mann wegnimmt?

In einem solchen Tief frage ich voller Zweifel: »Liebt der Vater uns noch?«

Sollte mir nun auch Gottes Liebe entzogen sein, da ich schon die Liebe meines Mannes so schmerzlich vermisse? Gerade jetzt brauche ich um so mehr die Liebe Gottes als einen Rettungsring, der mich nicht im Jammer untergehen läßt.

In dieser Zeit folge ich einer ersehnten Einladung. Als ich am Abend das Gastzimmer betrete, finde ich auf meinem Nachttisch eine Postkarte. Betroffen lese ich: »Er selbst, der Vater, hat euch lieb!« Das ist mir eine Antwort direkt von Gott. Jetzt weiß ich es wieder ganz fest und will es nie mehr vergessen: Der Vater liebt uns, meine Kinder und mich!

Deutlich erkenne ich die Taktik des Erzfeindes, der mir diese Liebe oft in Zweifel stellte und mich mißtrauisch und rebellisch machte. Er darf nicht siegen! Darum schreibe ich einige Bibelverse über Gottes Liebe auf Karten. Sinnend lasse ich sie immer wieder durch die Hand gleiten. Wie Heilsalbe wirken sie auf meine Wunde und dringen ins Unterbewußtsein ein. Hier steht es schwarz auf weiß:

Nichts und niemand kann uns scheiden von der Liebe Gottes, die in Jesus Christus ist! (Römer 8,29)

Ich habe dich je und je geliebt, darum habe ich dich zu mir gezogen aus lauter Güte! (Jeremia 31,3)

Gleichwie mich mein Vater liebt, so liebe ich euch, spricht Jesus. (Johannes 15,9)

Nicht, daß wir Gott geliebt haben, sondern er hat uns geliebt und uns gesandt seinen Sohn zur Versöhnung für unsere Sünden. (1. Johannes 4,10)

Gottes Hände
halten die weite Welt,
Gottes Hände
halten das Sternenzelt;
Gottes Hände
führen das kleinste Kind,
Gottes Hände
über dem Schicksal sind;
Gottes Hände
sind meine Zuversicht;

durch alles Dunkel
führen sie doch zum Licht

Im Frieden geborgen,
vom Kampf umtost,

in Deinen Händen,
HERR, bin ich getrost!

HUGO SPECHT

III. Auseinandersetzung mit der Umwelt

Warum noch Verletzungen von außen,
wenn schon mein Inneres
eine einzige Wunde ist?

Beileid

Immer noch bringt mir die Post jeden Tag Beileidsbriefe.

Wenn ich nur den schwarzen Rand sehe, fühle ich mich schon elend; und wenn gar das schreckliche Wort »Witwe« neben meinem Namen steht, habe ich kaum Kraft, den Umschlag zu öffnen; und wenn ich auch dann noch das Wort »erschüttert« lese, das die meisten Schreiber verwenden, dann krampft sich in mir alles zusammen.

Doch manche schreiben mir Gutes über meinen Mann. Das bringt in mir eine bestimme Saite zum Klingen.

Ach, wie sehr wünsche ich es, daß sie mir ab und zu nach einigen Monaten schreiben möchten, nämlich dann, wenn ich auf Post warten und mich nicht mehr vor ihr fürchten würde.

Bei manchen Besuchern spüre ich Unsicherheit und weiß nicht, was sie von mir erwarten. Versagt ist mir, in Worte zu fassen, was ich innerlich leide. Und auch hier hoffe ich so sehr, daß sie mich später öfter besuchen würden, wenn der Schmerz mich nicht mehr so wort- und tränenlos macht – ja, daß sie mich einladen würden, um mich wieder froh zu machen.

Ein Vierteljahr lang erhalte ich teilnehmende Briefe, Telefonanrufe und Besuche, danach keine mehr. Schon nach drei Monaten wird wohl erwartet, daß ich das Schlimmste überstanden hätte; in Wirklichkeit aber beginnt gerade jetzt die dunkelste Zeit, weil die Trauerlast sich unabwendbar auf mich herabsenkt und zu Boden drückt. Die Endgültigkeit des Todes und die völlige Verlassenheit werden zur Realität für mich.

Tröster

Im Grunde ist es leicht, ein guter Tröster zu sein; denn Trauernde erwarten nicht viel Worte, auch keine verkrampften Briefe, sondern nur ein wenig Anteilnahme. Solche Tröster verbreiten allein durch ihre Gegenwart Hoffnung und Liebe. Gottes Trost wird stark, wenn wir merken: In den Jahren der Trauer sind wir nicht alleingelassen. Treue und Wärme der Tröster verkörpern uns seine Nähe.

Meine Tröster schenken mir unbewußt etwas, wonach ich so sehr hungere: sie zeigen mir ihre Wertschätzung, indem sie öfters einen Besuch bei mir machen. Damit drücken sie aus: »Du bist uns auch ohne deinen Mann eine liebenswerte Person!« Sie schenken mir Freundschaft, die in Trauerzeiten einen unbezahlbaren Wert hat. Dadurch retten sie mich vor innerer Verödung und wecken wieder das erstorbene Leben in mir, indem sie Gespräche mit mir führen. Sie wissen, wenn ich Gefühle und Gedanken aussprechen kann, ist die Heilung im Gange. Manche geben, nach innen hörend, mir ein Gotteswort weiter, aber nie fromme Patentantworten. Sie überfordern mich auch nicht mit neugierigen Fragen nach Zukunftsplänen für mich und die Kinder; denn das Wesen der Trauer ist: sie hat keine Zukunft. Sie ist nur schmerzvolle Gegenwart und übervolle Vergangenheit.

Eine Trösterin legt ihre Hand auf meinen Arm und sagt mit Einfühlung: »Glauben Sie mir, so dunkel wie es jetzt in Ihnen aussieht, wird es nicht immer bleiben! Eines Tages werden Sie wieder froh sein und von Herzen lachen können!«

Ich erlebe auch schlechte Tröster. Sie bringen die üblichen Phrasen vor: »Es ist besser so!« – Oder das jetzt so unverständliche Zitat aus dem Römerbrief: »Denen, die Gott lieben, müssen alle Dinge zum Besten dienen!« – Oder gar: »Wen der Herr lieb hat, den züchtigt er.« In der Leiderfahrung sehen sie fälschlicherweise eine Bestrafung. Sie trösten wie Hiobs Freunde, aber sie sind wenigstens da und bringen mich zum Nachdenken.

Am meisten bin ich enttäuscht über die ausgebliebenen Tröster, von denen ich sicher erwartet hatte, daß sie mich in Treue diese dunkle Wegstrecke begleiten.

Wer sich nur auf ausgebliebene Tröster verläßt, der ist wirklich verlassen, und wer nur bei Menschen die Stütze sucht, die er verloren hat, gerät bald in Bitterkeit und Enttäuschung.

Ich denke darüber nach: Welchen Trost möchte ich annehmen?

> *»Man tröste nie eine Witwe, indem man ihr sagt,*
> *andere Frauen hätten nicht nur ihren Mann,*
> *sondern auch noch ihr Kind verloren.*
>
> *Wer trauert, ist wie ausgebrannt.*
> *Es gibt keine Potenzierung der Trauer –*
> *mehr als zu Asche kann man nicht verbrennen.«*
>
> Liliane Guidice

Weinen

Manchmal denke ich: »Wenn ich doch weinen könnte – mich richtig ausweinen!« Nur in meiner Brust spüre ich ein unaufhörliches, gleichsam eingesperrtes Schluchzen.

Eines Tages besucht mich William Nagenda, ein schwarzafrikanischer Freund meines Mannes. »Ich bin gekommen, um dich weinen zu sehen«; sagt er, »Europäer können nämlich nicht so trauern wie Afrikaner. Selbst Jesus hat geweint beim Tode seines Freundes.« Nagenda wußte, daß Weinen ein erster Schritt zur Heilung ist.

Unter vielen Tränen kann ich ihm Einzelheiten berichten, und er hört geduldig und teilnehmend zu. Schluchzen schüttelt mich, Dämme brechen und lassen angestauten Schmerz frei. Das erleichtert mich, auch wenn es weh tut.

Am Abend sitze ich wie immer auf einem der Kinderbetten und lese vor. Dabei denke ich: »Nie mehr wird ihr Papa hereinkommen und seinen Kindern einen Gutenachtkuß geben!« Träne um Träne rollen mir über die Wangen.

Von meinen Kindern versucht ein jedes mich auf seine Weise zu trösten. Die kleine Tochter schmiegt sich an mich, unser Jüngster stammelt: »Der Gott hilft dir!« während der älteste Sohn mir wie zufällig eine unterstrichene Bibelstelle vor Augen hält, in der Hoffnung, daß sie mir helfen kann:

> »Die künftige Herrlichkeit, die Gott für uns bereit hält,
> ist so groß, daß alles, was wir jetzt leiden müssen,
> in keinem Verhältnis dazu steht!« (Römer 8,18)

Was ich noch nicht glauben kann, ist Wahrheit: Ein wunderbarer Ausgang aus dem Tal der Todesschatten ist für unsere amputierte Familie schon vorbereitet.

Trauerkrank

Ich grüble: Wenn in der Familie jemand krank ist, versucht jeder, Rücksicht zu nehmen und die Genesung zu fördern; und wenn der Patient wegen seiner Schmerzen empfindlich reagiert und sein Denken nur um die engsten körperlichen Bedürfnisse kreist, hat jeder dafür Verständnis. Doch warum erhält so selten der Trauerkranke, der durch den Tod eines geliebten Menschen eine seelische Wunde erlitten hat, eine liebevolle Pflege durch seine Nächsten und Übernächsten?

Gerade wenn der Heilungsprozeß begonnen hat und über die Wunde eine dünne Haut gewachsen ist, reißt ein anderer sie gedankenlos auf und bringt sie wieder zum Bluten.

Ein lieblos hingeworfenes Wort, das ein seelisch Gesunder überhört, genügt schon, um die Genesung des Trauernden zu hemmen. Die egoistische Zweisamkeit eines Ehepaares kann einen frisch Verwitweten in Despressionen stürzen. Taktlosigkeiten bei Familienfesten, die Zurschaustellung der »Vollfamilien«, die Zurücksetzung der Leidgeprüften – das alles ist so üblich, daß nicht einmal ein schlechtes Gewissen schlägt.

Ein Leidtragender ist für seine Umgebung stets eine Herausforderung: Die einen empfinden sofort den Impuls, ihm wohlzutun – die andern lehnen ihn unbewußt als lästig ab.

In unserer Gesellschaft wird weitgehend der Tod verdrängt und damit indirekt auch der Trauernde. Es machen heute zwar viele einen Erste-Hilfe-Kurs und wissen mit Kranken umzugehen, aber wie man Trauerkranken wohltut, davon haben sie wenig Ahnung. Könnte man nicht lehren und lernen, wie Trauernden zu helfen ist? Leider fällt es diesen gerade dann schwer, offen darum zu bitten, wenn sie am nötigsten Hilfe brauchen. Darum dürfen sie keine großen Erwartungen hegen, um sich um so mehr überraschen zu lassen von den wenigen einfühlsamen Menschen, die ihnen Zuwendung und Verständnis entgegenbringen.

Um sich vor neuen Verwundungen zu schützen, zieht sich der Trauerkranke in seine »Kummerhöhle« zurück und hat doch Sehnsucht nach einem, der ihn daraus befreit. So verzögert sich die Genesung mehr und mehr. Doch Verwandte und Freunde können viel zur baldigen Heilung beitragen.

Manchmal sind es sogar Fremde: die Bäckersfrau, die neben ihrem Brotauto steht. Ich komme gerade bedrückt die Straße daher. Da tut sie spontan etwas, was ich nie erwartet hätte: Sie nimmt mich herzlich in die Arme und sagt mit Wärme: »Wie schön, daß ich Sie wieder sehe!«

Das wirkt wie Balsam auf meine Wunde.

> Heile *du* mich, Herr, so werde ich heil!
> hilf *du* mir, so ist mir geholfen! Jeremia 17,14

Auf dem Abstellgleis

Bisher hatten wir ein offenes Haus. Oft trafen sich Freunde und Verwandte bei uns, oder sie luden meinen Mann und mich zu sich ein.

Schlagartig ist es anders geworden: Man trifft sich und vergißt unbewußt oder absichtlich, mich einzuladen. Das versetzt mir jedesmal einen Stich. Hatten sie Angst, ich würde ihnen eine Trauerszene vorjammern? Sie kannten mich doch, daß ich das niemals tun würde.

Die andern hatten schneller als ich begriffen, daß ich eine Witwe bin. Ich selbst sehe mich immer noch als eine Verheiratete an. Mit allen Fasern will ich das alte Leben, das mir gefallen hat, weiterführen und in der Gemeinde und unter Ehepaaren etwas gelten. Aber der Zug ist inzwischen weitergefahren, und man hatte mich abgehängt. Ich bin nicht mehr die Ehefrau des bekannten Pfarrers Hermann Risch, seine bedauernswerte Witwe will ich nicht sein, also bin ich gar nichts mehr, nicht einmal ein Mensch – nur ein abgestellter Wagen.

Ich gerate in eine Identitätskrise wie ein Teenager.

Die Liebe meines Mannes hatte mich in all den Ehejahren von vielen Minderwertigkeitskomplexen befreit und mein Selbstwertgefühl gestärkt. Jetzt aber fühle ich mich beraubt und wertlos geworden. Auch meine ich, in den Augen der andern nichts mehr zu gelten. Ihre achtlosen Bemerkungen demütigen mich und machen mir wochen- oder monatelang zu schaffen. Am meisten bin ich gekränkt, wenn ich den Eindruck habe, daß sogar meine Kinder benachteiligt werden. Wo ich vorher ein positives und unbeschwertes Verhältnis zu Freunden und Verwandten hatte, deute ich jetzt ihr Verhalten negativ.

Ich beobachte, was mir früher nicht aufgefallen war: Eine alleinstehende Frau, ledig, verwitet oder geschieden, wird von manchen geringschätzig angesehen. Früher auch von mir?

Wo ist nur die Weiche, welche die Bahn zu einem erfüllten Leben und zu neuen Begegnungen mit Menschen öffnet? Sehnsüchtig halte ich Ausschau nach solchen, die mich aus der Isolation herausziehen könnten. Ich habe noch nicht die Kraft, selbst die Initiative zu ergreifen; aber ich ahne, daß sie mir zuwachsen wird.

Wie sind meine Reaktionen auf Verletzungen,
die mir andere zufügen?
Warum bin ich aggressiv?
Worin liegt der Grund für meine Enttäuschungen?
Wie können durch sie aufbauende Kräfte in mir frei werden?

Für den Umgang mit Trauernden gilt, was ich in Gertrud Grimmers Witwenbüchlein lese:

»An der Art, wie andere Menschen einer Witwe begegnen, zeigt es sich, ob sie gottesfürchtig sind oder nicht.«

Bitterkeit

Die Wochenenden sind besonders schwer zu verkraften. Durch meines Mannes Tod sind sie leer und freudlos geworden. Früher sind wir oft alle zusammen ins Grüne gefahren. Und jetzt?

Es ist Sonntagnachmittag. Die Kinder und ich gehen spazieren. Unsere Bekannten fahren vorbei. Ein Kleinbus von Freunden folgt. »Da wäre noch Platz gewesen!« stellt eines der Kinder fest. Nicht für uns! Enttäuscht schauen wir den beiden Wagen nach. Bitterkeit steigt in mir auf; den ganzen Sonntag über empfinde ich einen Stich in meinem Herzen.

Montag. Ich grüble voll Trauer: Warum sind sie alle an uns vorübergefahren?

Dienstag. Wenn ich nur diese Enttäuschung überwinden könnte, ohne bitter zu werden! Herr Jesus, geh du jetzt nicht an mir vorüber! Sei du mein barmherziger Samariter!

Mittwoch. Herr, ich bin betroffen über mich, daß ich so lange brauche, um meine Bitterkeit zu besiegen! Vergib mir!

Donnerstag. Du trägst mir nichts nach, Herr! Darum möchte ich auch den anderen nichts nachtragen.

Freitag. Herr, wie kann ich dir danken? Du hilfst mir, die anderen zu verstehen, weil du mich verstehst.

Samstag. Mein Gott, ich habe erfahren: Deine Kraft ist größer als meine Not. Du schenkst mir wieder Lebensmut.

Sonntag. »Wie wär's, Kinder, wenn wir unsre Badesachen packten und zum Steinbergsee wanderten?«

Welche Bitternisse habe ich zu überwinden?
Wo fange ich an?

Mir hilft der Vers:

Seid freundlich und hilfsbereit zueinander
und verzeiht euch gegenseitig.
Auch Gott hat euch ja durch Christus
eure Schuld vergeben. Epheserbrief 4,32

Fliehen oder standhalten?

Einige Jahre lang erlebe ich etwas, von dem ich lange nicht weiß, was es ist: Trauerdepressionen. Sie weder in Worten auszudrücken noch zu beschreiben bin ich fähig; ich kann sie nur erleiden: Riesige Wellenberge und deprimierende Täler empfinde ich als Druck auf dem Herzen. Phasen der Ruhelosigkeit und Aktivität wechseln mit Phasen der Niedergeschlagenheit und Apathie. Sie spielen sich tief in meinem Innern ab; nur selten lasse ich sie an die Oberfläche.

Etwas Entscheidendes fehlt mir: mein Mann. Darum bin ich rastlos auf der Suche. Oder auf der Flucht?

Ich suche ihn in Menschen und Gesprächen, in Gottesdiensten und Versammlungen, auf der Straße und in Häusern und überall da, wo er vorher oft war.

Tagsüber bin ich durch die Kinder sehr beschäftigt. Aber am Abend, wenn sie schlafen, ist das Haus so totenstill. Wieder überfällt mich das Gefühl einer hoffnungslosen Verlassenheit. Es ist, als wolle die Decke über mir zusammenfallen und mich begraben. Ich muß allem entfliehen und Hilfe suchen. Immer erfinderischer werde ich, neue Fluchtwege zu entdecken.

Komme ich aber dann wieder heim, ist die Wohnung dunkel und wie ausgestorben. Niemand öffnet mir die Haustür, keiner empfängt mich: »Na, wie geht's? Was hast du erlebt?«

Kein Trauernder kann eine solche Situation mit gutem Willen und Denken bewältigen.

Wer kann mir nur helfen?

Erneut beschäftigt mich die Geschichte von Jesus im Garten Gethsemane. Seine engsten Freunde haben ihn im Stich gelassen, als er sie am allernötigsten brauchte. Sein Vater hat ihm diese schwere Stunde nicht erspart. Feinde haben ihn umzingelt. Todesangst, Entsetzen, Grauen.

Noch hätte er fliehen können. Aber er blieb. Er hielt stand.

Fliehen oder standhalten? Das ist die Frage.

Ich versuche, mit Jesus standzuhalten in »meinem« Garten Gethsemane – Tag für Tag – Nacht um Nacht – ich kann es; denn ich leide nicht allein. Er ist bei mir, denn er hat gesagt: »Siehe, ich bin bei euch alle Tage bis ans Ende dieser Zeit!« (Matthäus 28,20)

Um es nicht mehr zu vergessen, schreibe ich mir auf:

Weil Jesus die Gottverlassenheit für mich durchlitten hat, bin ich nie mehr verlassen.

Ich denke nach:

Welche Hilfen kann ich mir in meinen
Trauerdepressionen zunutze machen?
Bei wem könnte ich mich aussprechen?

Statt des Einen leiden unser Zwei:
Mein dorngekrönter Bruder steht mir bei.
C.F. Meyer

Der verlassene Jesus

Holzschnitt von Albrecht Dürer

IV. Neuorientierung

An fremden Strand gespült,
frage ich:
Wo bin ich?

Durchbruch

In den Tiefen der Depressionen habe ich den Eindruck, ich wäre in einem Bergwerksstollen eingesperrt worden. Ich will zurück ins alte Leben, dahin, wo ich glücklich war; aber der Eingang ist verschüttet. Es gibt kein Zurück mehr.

Dann will ich vorwärtsdringen; aber vor mir ist ein Schacht, tief und dunkel. Ich habe Angst, nur einen Schritt vorzutreten. Wenn ich hinunterstürze, komme ich um! Ich werde sterben. Noch bin ich nicht tot, aber ich gehöre auch nicht mehr zu den Lebenden – ein eigenartiger Zustand zwischen Leben und Tod.

Ein Gedanke: Laß dich fallen auf Gedeih und Verderb! Sprich: Komme ich um, so komme ich um! Tiefer als in Gottes Hand kannst du niemals fallen. Liefere dich ihm restlos aus, ganz gleich, was daraus wird! Auch wenn der Schacht ohne Grund und Boden zu sein scheint – ganz unten ist er, der dich auffängt.

Von diesem Augenblick an hat die Angst umzukommen ihre Macht über mich verloren. Ich kann mit ihr leben.

Nach einiger Zeit stelle ich staunend fest: ich bin nicht zu Tode gekommen! Als ich begann, meinen Tod anzunehmen, ist von außen her ein Durchbruch erfolgt. Ich trete ins Freie.

Rückblickend merke ich, was ich in meiner Bedrängnis nur halb glauben konnte, ist wirklich Tatsache: Einer war und ist unverlierbar an meiner Seite: Jesus.

Wenn ich auch immer wieder dunkle Zeiten erlebe, kenne ich von jetzt an die Richtung zum Ausgang hin und brauche nicht mehr zu verzweifeln.

So wie nach dem Winter ein neuer Frühling folgt, wachsen mir neue Kräfte zu. Ich räume die Wohnung um, schenke die Anzüge meines Mannes her, nehme mehr und mehr seinen Schreibtisch ein und lese in seinen Büchern.

Ein langer, dunkler Weg liegt hinter mir.

Mein Gebet:

> Mein Vater, ich kann nicht tiefer fallen,
> als nur in deine Hand.

Ins Leben zurück

Auf meinem Kleiderschrank steht seit langer Zeit ein Geschenkpaket von meiner Schwester. Apathisch habe ich es bisher übersehen. Aber jetzt regt sich in mir die Neugier. Ich nehme es herunter und packe es aus. Da kommt ein handbemaltes Schränkchen zum Vorschein. Was mag es enthalten? Ein Geheimnis? Vorsichtig öffne ich die beiden Türen: oh, eine naiv-bunte Weihnachtskrippe – bolivianische Volkskunst!

In diesem Augenblick spüre ich zum ersten Mal, wie eine warme Welle der Freude mein erstorbenes Herz erfaßt. Verwundert denke ich: »Ich kann mich ja noch freuen!«

Tief atme ich ein und stelle fest: »Ich lebe!«

Mein Vater, ich danke dir,
daß du mich bis hierher durchgebracht hast.
Wie stark war der Schmerz – aber du warst stärker.
Wie tief war der Fall – aber du warst tiefer.
Wie dunkel war die Nacht – aber du warst das Licht darin.
Wie erschreckend war die Todesangst –
aber du bist das Leben.

Frieden

An einem Morgen wache ich wieder einmal bedrückt auf. In der Nacht habe ich eine Zeitlang wachgelegen und war sehr verzagt. Bang frage ich mich: »Was wird heute alles auf mich zukommen?«

Auf einmal strömt eine Welle von Frieden in mein Zimmer herein und hebt mich empor. Alle Schwere ist weg, und ich fühle mich leicht und froh. Es war, als hülle mich jemand, der mich ganz persönlich liebt, in seine Liebe ein. Seltsamerweise denke ich nicht an meinen Mann, sondern habe den Eindruck: Gott ist gegenwärtig – Gott ist Liebe – er ist mein Friede!

Unter dem Schutzmantel dieses Friedens gehe ich an mein Tagewerk. Er macht mich weniger verletzbar, als ich bisher war. Manche Spitzen können mich jetzt nicht mehr treffen; sie ritzen höchstens noch meine Haut. Ich selbst aber bin im Frieden geborgen. Wenn um mich herum auch manchmal der Sturm tobt, ist in mir drinnen nur ein Säuseln. Von da an lerne ich es immer mehr, mich in diesen Frieden einzuhüllen.

Wenn Gottes Friede uns umgibt, ertragen wir alles.

Ich notiere mir Bibelverse über den Frieden:

> Ich liege und schlafe ganz im Frieden:
> denn du allein, Herr, hilfst mir,
> daß ich sicher wohne. (Psalm 4,9)

> Ich weiß wohl, was ich für Gedanken
> über euch habe:
> Gedanken des Friedens und nicht des Leides,
> daß ich euch gebe Zukunft und Hoffnung,
> spricht der Herr. (Jeremia 29,11)

> In mir habt ihr Frieden, spricht Jesus Christus.
> In der Welt habt ihr Angst;
> aber seid getrost,
> ich habe die Welt überwunden! (Johannes 16,33)

Vergebung

Auf dem Friedhof bleibe ich neben einer trauernden Frau stehen. Wir betrachten gemeinsam das kostbar angelegte Grab ihres Mannes. Sie nennt mir auch den hohen Preis des Grabsteines und fügt hinzu: »Das bin ich meinem Mann schuldig!« Es entsteht ein vorsichtig tastendes Gespräch. Ich nicke ihr zu: »Ich verstehe, Sie möchten einiges wiedergutmachen. Auch mich bewegen die gleichen Gedanken.«

Auf dem Heimweg martern mich wieder Vorwürfe, was ich alles hätte tun und lassen sollen:

Hätte ich nicht mehr Einfühlungsvermögen haben sollen, mehr Verständnis, mehr Güte und Geduld? Hätte ich nicht mehr Zeit aufbringen sollen, liebevoller entgegenkommen und Unbedeutendes weniger wichtig nehmen sollen? Wäre es nicht besser gewesen, weniger zu fordern und mehr zu bestätigen?

Auch mit dem kostbarsten Grabschmuck ist nichts mehr nachzuholen. Zu spät!

Da wird mir klar: Christus ist da, der mich gerecht spricht. Welche Entlastung:

> Wenn wir unsere Schuld eingestehen,
> dürfen wir uns darauf verlassen,
> daß Gott Wort hält:
> Er vergibt uns unsere Verfehlungen
> und nimmt uns alle Schuld ab,
> die wir auf uns geladen haben.
>
> (1. Johannesbrief 1,9)

Wenn Gott mir vergeben hat, hat mir auch der Heimgegangene verziehen – er ist ja bei Gott, wie sollte er nicht verzeihen können oder wollen!

Ich kann aufatmen. Die Schuld der Vergangenheit ist mir restlos abgenommen, als hätte es nie welche gegeben. Ein anderer trägt sie: Jesus. Befreit lebe ich in der Gegenwart – ohne die alte Bürde. Gott sei Dank, daß es diese Möglichkeit gibt!

Wofür brauche ich Vergebung?
Mit wem könnte ich darüber sprechen?

Rückblick

Mein jetziger Lebensabschnitt gleicht einer gefahrvollen Bergbesteigung, die ich ohne vorheriges Training unternehmen muß. Eine schwierige Strecke liegt nun hinter mir, und ich darf Rast machen und den Weg zurückblicken. Es gelingt mir, eine Übersicht zu gewinnen. Die gut ausgebaute Straße in der Ferne, die ich zusammen mit meinem Mann gegangen bin, hatte plötzlich aufgehört, und ich mußte allein weiterwandern. Mein Pfad führte durch dunkle Schluchten der Anfechtungen, und ich merkte, daß ich ihnen durch das Alleinsein viel ungeschützter ausgesetzt war. Ich durchlitt sie in den verschiedenen Bereichen: im geistlichen Bereich, wo ich mich gegen Gottes Führung sträubte – im geistig-seelischen Bereich, als mich Verlassenheitsgefühle und Identitätskrisen niederdrückten – und im körperlichen Bereich, wo ich gegen Erschöpfung und Nervenzusammenbruch ankämpfte; wobei immer meine ganze Person betroffen war – was ich empfand, was ich dachte und was ich glaubte.

Da ich Christin bin, hatte ich vor allem Glaubensanfechtungen. Es tauchte die Frage auf: »Kann ich mich noch auf Gottes Wort verlassen?« Instinktiv ahnte ich, daß ich jetzt die Vaterliebe Gottes hochhalten müsse, weil es für mich die einzige Chance war, überhaupt weiterleben zu können. Gegen alle Vorwürfe und Zweifel, die in mir bohrten, setzte ich auf meinen traurigen Trümmerhaufen eine Fahne, auf der steht: »Mein Vater, ich kann dein Handeln nicht verstehen, aber ich will dir trotz allem vertrauen!«

In meinem ganzen Leben las ich nie so begierig in der Bibel wie in dieser dunklen Zeit und entdeckte mit Staunen solche Sätze wie: »Gleichwie ich gedachte, euch zu plagen, so gedenke ich jetzt, euch wieder wohlzutun!« Ich hatte den deutlichen Eindruck, daß es Gott schmerzlich ist, mir ein solches Leid zufügen zu müssen, und daß er mit mir litt. Zwar hatte ich keine Vorstellung, wie Gott meine Verwundung je wieder heilen könne, aber ein klein wenig Spannung kam auf: »Wie wird mein Vater es anstellen, uns wieder gutzutun?« Seine Vatergüte war mir zwar noch verdunkelt, aber zwischen der Schwärze sah ich hier und da einen Lichtstrahl: Gott hat uns nicht gestraft; vielmehr erkannte ich, daß er fürsorglich über unserer beschädigten Familie wacht, so daß ich wieder neues Zutrauen zu ihm gewinnen kann.

Auch im seelischen Bereich ist mir viel Glück zerbrochen: Die besten Räume vom Haus meines Lebens waren schwer beschädigt: das Zimmer unserer Ehe – der Arbeitsraum unseres gemeinsamen Einsatzes in Kirche und Gemeinde – das helle Zimmer, wo unsere Kinder einen Vater hatten, der sie liebt – all das war nicht mehr bewohnbar.

Tagsüber war ich glücklicherweise durch die Kinder und den Haushalt gut beschäftigt; aber morgens beim Aufwachen und abends, wenn es im Haus still wurde, wiederholten sich in mir immer wieder die gleichen Gedanken wie eine defekte Schallplatte: »Verlassen! Von allen verlassen!«

So wie eine einfache Erkältung, die ein Gesunder gut verkraftet, aber einen von schwerer Krankheit Genesenden um Wochen zurückwirft, so brachten mich Enttäuschungen und Taktlosigkeiten rasch in ein seelisches Tief. Aber da, wo ich am Boden lag, begegnete mir Jesus, der barmherzige Samariter, verband jede Verletzung, hob mich über sie hinaus, daß ich sie ins Positive umgestalten kann.

Doch auch körperlich und nervlich fühlte ich mich sehr angegriffen. Der Tod meines Mannes wirkte auf mich wie ein Schock, von dem ich mich erst im Verlauf von Jahren erholte. Ganz praktische Hilfen führten zur Genesung: z.B. darf ich einer treuen Frau in unserer Gemeinde immer wieder die zerrissene Kinderwäsche zum Flicken und Stopfen bringen. Es macht ihr Freude, mir Gutes zu tun und mitzuerleben, wie es mir nach und nach auch körperlich besser geht.

Ja, ein schwieriger und demütigender Weg liegt hinter mir. Wird er so weitergehen? Ich bin müde und sehne mich nach einem leichteren Leben, das nicht mehr meine letzten Kräfte fordert. Ausruhen will ich jetzt und mir hier eine »Hütte« bauen!

Gott verwundet tief,
wo er heilen will.

Kohlbrügge

Zu Tode verwundet – und doch geborgen

Der barmherzige Samariter (Holzschnitt von Walter Habdank)

Der Verletzte, fast Totgeschlagene, wird vom barmherzigen Samariter gefunden, verbunden, zur Herberge gebracht, wo er gesundgepflegt wird.

Nicht stehenbleiben

Ich sehe mich ermüdet auf einem Stein sitzen und sprechen: »Ich habe keine Hoffnung, daß sich noch viel ändern könnte!« Prüfend schaue ich den Weg hoch, der vor mir liegt. Steil und steinig ist er, nur eine kurze Strecke für mich erkennbar; dann verliert er sich im Nebel. Wo ist das Ziel? Der Berggipfel scheint noch weit zu sein.

Es wird mir klar, ich stehe wieder einmal vor einer Entscheidung: sitzenbleiben oder weiterwandern? Falls ich bleibe, ist es für mich einfacher: Ich finde mich hinein in dieses Leben ohne meinen Mann, sorge für die Kinder – meine Hauptaufgabe – und mache keine großen Änderungen. Ich werde Erinnerungen und Blumen pflegen und Pullover stricken. Das Ziel bleibt fern.

Wenn ich weitergehe, werde ich auf unbekannte Wegstrecken kommen; ich werde herausgefordert werden, Neues zu gestalten, von dem ich jetzt noch keine Ahnung habe. Für dieses Wagnis brauche ich eine eindeutige Führung von Gott. Er kennt das Ziel. »Herr, was willst du, daß ich tun soll?«

Ich gewinne den Eindruck, ich solle weiterwandern. Indem ich Schritt für Schritt weitergehe, komme ich zu der Überzeugung: das ist der Weg, den Gott für mich ausgesucht hat. Erneut will ich mich seiner Führung anvertrauen.

». . . in ein Land, das ich dir zeigen will!« Ich denke an Abraham, den »Wanderer zwischen zwei Welten«.

Ein Tag, der sagt dem andern,
mein Leben sei ein Wandern
zur großen Ewigkeit.
O Ewigkeit, so schöne,
mein Herz an dich gewöhne.
Mein Heim ist nicht in dieser Zeit.

Gerhard Tersteegen

Geführt

Holzschnitt von Hans Georg Anniès

Worte eines chinesischen Christen:

Ich sagte zu dem Engel:
Gib mir ein Licht,
damit ich sicheren Fußes
der Ungewißheit entgegengehen kann!
Aber er antwortete mir:
Gehe nur hin in die Dunkelheit
und lege deine Hand in die Hand Gottes!
Das ist besser als ein Licht
und sicherer als ein bekannter Weg.

V. Hoffnung auf ewiges Leben

Hätte ich nicht den Ausblick auf ewiges Leben, könnte ich das jetzige nicht ertragen.

Auf dem Friedhof

Ich gehe an frischen Gräbern vorbei, wo Kränze und Blumengebinde sich türmen. Das Grab meines Mannes ist jetzt abgeräumt und liegt zur Bepflanzung bereit. Wie könnte es einen persönlichen und freundlichen Charakter erhalten und das ganze Jahr über blühende Blumen tragen? überlege ich. Gelbe Tagetes und rote Petunien werde ich einpflanzen. Und der Grabstein? Er soll hell sein und eine Glaubensaussage für Vorübergehende enthalten. Ein Kreuz aus Stein, wie aus dem Boden wachsend, mit einem kurzen Vers, vielleicht: »Jesus lebt, mit ihm auch ich!« Ob das im Sinne meines Mannes wäre?

Wieder dieser Stich: Wir haben nie über die Dinge gesprochen, die durch einen Todesfall eintreten könnten. Wie ist das nur möglich, daß wir als Realisten doch eine solche Scheu davor hatten?

Nachdenklich blicke ich auf das Grab. Was hier drinnen liegt, ist nur ein toter Körper, der zurückgebliebenen Hülle einer Schmetterlingspuppe zu vergleichen. Doch was ich geliebt habe, sein ganzes Wesen, diese einmalige Persönlichkeit, sie ist nicht hier. Darum kann ich auch mit dem Grab keine Zwiesprache halten. Es würde mich nicht trösten können.

Wo ist jetzt mein Mann?

Ich schaue über die Gräber hin, zu den Friedhofsbäumen hinauf, in den grauverhangenen Himmel. Unwillkürlich öffne ich die Handflächen und hebe sie ein wenig hoch: »Vater, in deine Hände befehle ich seinen Geist!« Ich erlebe es wie ein Zurückgeben des liebsten Anvertrauten.

Rückgabegebet:

Mein Vater,
ich übergebe dir den Menchen, den ich liebhabe,
und den du wieder zu dir genommen hast.
So viele Jahre war er unter uns. Ich danke dir dafür.
Nun hast du ihn zu dir geholt,
und ich will ihn nicht zurückhalten.
In deiner Liebe ist er und auch ich mit den Meinen
geborgen. *Amen.*

Schlafen die Toten?

Bisher nahm mich das diesseitige Leben so sehr in Anspruch, daß ich mir über das jenseitige kaum Gedanken machte. Aber seit dem Heimgang meines Mannes bin ich völlig verändert: Ich habe jetzt so viele Fragen über das Leben nach dem Tod und bin voller Heimweh nach drüben.

Wie ist das Jenseits? Schlafen die Toten in einem bewußtlosen Zustand? Ich forsche in der Bibel und lese alles, was mir über dieses Thema in die Hände kommt.

Heute behauptet kaum einer mehr: »Mit dem Tod ist alles aus!« denn es gibt jetzt zu viele, die »klinisch tot« waren und wieder ins Leben zurückgerufen wurden. Alle sagten aus, daß das Sterben Bewußtsein und Personenhaftigkeit weder auslösche noch unterbreche. Der Tod kann nur den Leib zerstören und nicht den Geist. Dieser zieht aus dem vergänglichen Haus aus und bezieht nun ein neues, ein ewiges (2.Kor.5,1). Unsere leibliche Hülle sieht anfänglich aus, als schlafe sie. Darum sprechen wir von den »Entschlafenen«, obwohl ihr Geist nicht schläft, sondern sehr lebendig ist (1.Kor. 15,12).

Jesus war fast drei Tage lang tot. Sein Leib ruhte im Grab, sein Geist aber war sehr tätig. Er war »niedergefahren ins Reich der Toten« und predigte da den Verstorbenen

(1.Petr.4,6). Es wäre sinnlos gewesen, Schlafenden zu predigen; sie hörten sehr wohl seine Botschaft!

Alle »Entschlafenen« leben im Jenseits an ihrem von Christus zugewiesenen Ort, entweder nah oder fern von Gottes Herrlichkeit, je nach ihrer persönlichen Stellung zu Jesus Christus und den Gewissensentscheidungen, die sie in ihrem Leben hier getroffen haben. Die Jesusliebenden werden »verklärt in sein Bild von einer Klarheit zur andern« (2.Kor.3,18), und sie dienen ihm als seine Mitarbeiter und Mitregenten (Offbg. 5,10).

Sterben – was ist das?

Obwohl ich das Sterben meines Mannes miterlebt habe, frage ich jetzt: »Was ist hier eigentlich vor sich gegangen?«

Manche vergleichen das Sterben mit der Geburt, als sei es ein Geborenwerden in die Ewigkeit.

Das Kind im Mutterleib – es lebt, aber seine Daseinsform ist eng begrenzt und im Dunkeln. Könnte es den Eindruck haben, sein jetziges Leben sei alles, was es gibt? Doch eines Tages wird es plötzlich aus seiner Enge hinausgedrückt. Es gerät dabei in Todesängste: sein Köpfchen wird gepreßt, sein Körperchen verdreht, durch einen dunklen Kanal muß es hindurch, fremde Hände ergreifen es, Helligkeit überfällt es, und eine neue Atmosphäre umgibt es jetzt. In seinem Schreck schreit es, und löst Freude aus. Liebevoll wird es empfangen, getröstet, gewärmt und gepflegt. Es wird wachsen und groß werden und will und kann nicht mehr in den Mutterleib zurück.

So ist Sterben ein Geborenwerden in eine neue Daseinsform: aus Dunkelheit und Grenzen des Vergänglichen hinein in das Licht und die Freiheit der Ewigkeit. Diese In-den-Himmel-Geborenen, von denen Christus der »Erstgeborene aus den Toten« ist (Kol. 1,18), werden immer klarer Gott schauen (Hiob 19,25–27; 1.Joh.3,2).

Von daher erscheint ihnen das hiesige Leben wohl nur wie ein Schatten, in welches sie sich nicht mehr zurückwünschen, denke ich mir. »Darum wollen wir sie auch nicht zurückrufen, sondern ihnen folgen« (Liliane Guidice).

Worte über die Ewigkeit

Ich sehne mich nach der Ewigkeit, wo mein Mann nun ist. Darum streben meine Gedanken tastend und suchend über die Grenzen des Irdischen hinüber ins Ewige. Um mich zurechtzufinden, frage ich erfahrene Seelsorger wie Pfarrer Erich Schnepel und seine liebe Frau, mit denen ich mich verbunden weiß, um Auskunft.

Auch forsche ich in Büchern und sammle Aussagen über die Ewigkeit aus Bibel, Literatur und Gesangbuch und lasse sie auf mich einwirken. Immer wieder nehme ich sie zur Hand und sinne darüber nach.

Was mir geholfen hat, gebe ich hier weiter:

Ein Trostbrief

Unsere liebe Hannelore!

Du fragtest uns, was die Bibel über das Leben nach dem Tod aussagt. Es ist nicht leicht, das Wichtigste in Kürze zusammenzufassen; trotzdem will ich es versuchen.

Ich war ein junger Student von zwanzig Jahren, als meine Mutter starb. Ganz allein war ich damals an ihrem Sterbelager. Noch nie hatte ich einen Menschen sterben sehen. Plötzlich öffnete die Sterbende die Augen und sah mich angsterfüllt an. Erst seit kurzem kannte ich Jesus. Er gab mir in den Sinn, meiner Mutter zuzurufen: »Jesus nimmt dich auf in sein Reich!« Da schwand alle Angst aus ihrem Blick. Sie ging ganz in Frieden heim. Ich meinte an ihren Augen zu sehen, wie der Mensch, den ich liebte, sich von dem Körper löste. Dieser Leib hatte nun ausgedient. Ich wußte, meine Mutter ist jetzt bei Jesus. Hannelore, das habe ich nicht aus Büchern gelernt, sondern unmittelbar erlebt.

Nur selten bin ich an ihr Grab gegangen; denn dort war meine Mutter nicht. Hier galt das Osterwort: »Was sucht ihr den Lebendigen bei den Toten?« Das gilt nicht nur von Jesus, sondern von jedem, der mit Jesus verbunden stirbt. Er ist sofort bei Jesus im ewigen Leben.

Stephanus, der erste Märtyrer, sah Jesus unmittelbar schon vor seinem Tod, als man ihn steinigte. So ist Jesus immer bei den Seinen, und er lebt in der Dimension Gottes, in der es keine Entfernung und keine irdische Zeit gibt. Darum sind auch wir sofort bei Jesus, wenn unser inwendiger Mensch sich vom Körper löst. Ein Mensch, der mit Jesus verbunden ist, stirbt im Grunde nie, denn sein Geist lebt weiter. Jesus sagt bei Johannes Kap. 11,25–26: »Wer auf mich sein Vertrauen setzt, wird leben, auch wenn er stirbt; ja, wer da lebt und sich mir anvertraut, wird überhaupt nie sterben!«

Darum kann Paulus schreiben: »Ich habe Lust abzuscheiden und bei Christus zu sein, was auch viel besser wäre!« (Phil. 1,23) Besonders eindrucksvoll ist mir das Wort im 2. Korintherbrief 5,8: »Wir wollen viel lieber ausheimisch werden aus dem Leib und einheimisch werden in der Gemeinschaft mit dem Herrn!«

Obwohl wir bei Jesus kein Schattendasein führen, sondern uns im vollen Leben befinden, fehlt uns noch die Existenzform, die Jesus selbst seit Ostern hat. Diese erhalten wir bei der Wiederkunft Jesu, damit wir mit ihm zusammen die neue Welt Gottes aufbauen können. Daß man diesen Vorgang »Auferstehung« nennt, ist unglücklich, weil wir ja nicht tot sind, sondern bei Jesus leben. Dieser Ausdruck paßt nur insofern, daß wir dieselbe Existenzform erhalten, die Jesus seit seiner Auferstehung hat. Sie ist eine vollständige Wiederherstellung der ganzen Person.

Der Auferstehungsleib steht über Raum und Zeit und Geschlechtlichkeit, auch über den Naturgesetzen der sichtbaren Welt. Leiden und Schmerz, Kampf und Streit, Sorge, Altern und Sterben sind endgültig überwunden (Offbg. 21,4).

Der Keim zum Auferstehungsleib Jesu war seine Gottessohnschaft. Bei uns ist es die Gotteskindschaft, daß wir Gott als unseren Vater und Christus als unseren Erlöser lieben. In der Offenbarung (7,9–17) wird eine unzählbare Schar aus allen Völkern genannt, die bei Jesus Christus in der Herrlichkeit am Ziel ist.

Das ist unsere Zukunft, liebe Hannelore!
Wir beten für Dich und Deine Kinder!

Deine
Erich und Maria Schnepel

Die Seelen der Gerechten sind in Gottes Hand

Die Seelen der Gerechten sind in Gottes Hand,
und keine Qual kann sie berühren.
In den Augen der Toren sind sie gestorben,
ihr Heimgang gilt als Unglück,
ihr Scheiden von uns als Vernichtung;
sie aber sind im Frieden.
In den Augen der Menschen wurden sie gestraft;
doch ihre Hoffnung ist voll Unsterblichkeit.
Ein wenig nur werden sie gezüchtigt;
doch sie empfangen große Wohltat.
Denn Gott hat sie geprüft
und fand sie seiner würdig.
Wie Gold im Schmelzofen hat er sie erprobt
und sie angenommen als ein vollgültiges Opfer.

Weisheit 3,1–6

Was kein Auge je gesehen hat,
was kein Ohr je gehört hat,
was kein Mensch in seiner kühnsten Fantasie
sich je ausdenken kann,
das hat Gott bereitet denen,
die ihn liebhaben. 1. Korintherbrief 2,9

Osterbekenntnis

Darum, wenn ich sterbe – ich sterbe aber nicht mehr! –
und es findet jemand meinen Schädel,
so predige es ihm dieser Schädel noch:

Ich habe keine Augen,
dennoch schaue ich ihn;

ich habe kein Gehirn noch Verstand,
dennoch umfasse ich ihn;

ich habe keine Lippen,
dennoch küsse ich ihn;

ich habe keine Zunge,
dennoch lobsinge ich ihm mit euch allen,
die ihr seinen Namen anruft;

ich bin ein harter Schädel,
dennoch bin ich ganz erweicht und zerschmolzen
in seiner Liebe;

ich liege hier draußen auf dem Gottesacker,
dennoch bin ich drinnen im Paradies.

Alles Leiden ist vergessen.
Das hat seine große Liebe getan,
daß er für uns sein Kreuz trug
und hinausging nach Golgatha. H. F. Kohlbrügge

Einmal

Einmal werden staunend lösen
sich die Rätsel dieser Zeit,
einmal von der Macht des Bösen
werden ewig wir befreit.

Einmal münden alle Tränen
in den Strom der Freude ein,
einmal wird der Seele Sehnen
selige Erfüllung sein.

Einmal aus des Todes Kammer
werden wir ins Leben gehn,
einmal wird der Erde Jammer
wie ein dunkler Traum vergehn.

Einmal senkt sich Heimat nieder,
einmal ist die Fremdheit aus,
und die ganze Welt wird wieder
unsres Gottes Vaterhaus.

Einmal wird das Wunder Wahrheit,
einmal wird das Dunkel licht;
einmal in kristallner Klarheit
schaun wir Gottes Angesicht.

Fritz Woike

Ein Abschiedsbrief

15.8.1944

Meine liebe liebste Frau, meine gute Barbara!

Wohl in wenigen Stunden werde ich in Gottes Hände fallen. So will ich Abschied von Dir und den Kindern nehmen . . . laß die Kinder viel auswendig lernen an Bibeltexten und Liedern, damit sie es einmal in der Not im Herzen tragen. Es kommen Zeiten des Zweifels und der Entfernung, aber das Leben wird die Kinder zu dem festen Grund zurückbringen, wenn er in der Jugend gelegt ist. Jesus Christus ist der Weg und die Wahrheit und das Leben (Johannes 14,6).

Als Inschrift auf dem Grabstein fände ich unseren Trauspruch »Gott ist Liebe« recht.

Barbara, in diesen Haftwochen habe ich dem Gericht Gottes stillgehalten und meine Schuld erkannt und vor Ihm bekannt. »Gottes Gebote halten und Liebe üben und demütig sein vor deinem Gott«: das ist die Regel, gegen die ich verstoßen habe.

Liebste Frau, ich sterbe in der Gewißheit göttlicher Vergebung. Ich habe die Zuversicht, daß Gott Euch alle an seinen Vaterhänden auf Euren Erdenwegen geleiten und endlich zu sich ziehen wird. Unser Erbarmer wird auch Deinen Schmerz allmählich lindern und Dein Leid stillen. Deine Liebe wird die gleiche bleiben, denn »sie höret nimmer auf«.

Meine gute Barbara, ich danke Dir aus tiefstem Herzen für alle Liebe und allen Segen, die Du mir in den 14 Jahren unserer Ehe geschenkt hast. Bitte vergib mir allen Mangel an Liebe. Ich habe Dich sehr viel mehr lieb, als ich Dir gezeigt habe. Aber wir haben eine Ewigkeit vor uns, um uns Liebe zu erweisen. Dieser Gedanke sei Dir ein Trost in der Trübsal Deiner Witwenjahre. Ich bin gewiß, daß wir beide mit allen unseren Lieben wieder vereint werden in Gottes unaussprechlichem Frieden (der vollkommenste Ruhe und zugleich seligste Bewegung in göttlichem Dienst ist), in der Anbetung und unmittelbaren Erfahrung göttlicher Liebe, in der wunderbaren Geborgenheit in des Heilands Gnade und Güte, in der erlösten Seligkeit der Gotteskindschaft. Auch schon auf Erden gehörst Du zum Leib Christi, der alle die Seinigen – sie mögen vor oder hinter der großen Verwandlung stehen – auf wunderbare Weise zusammenschließt. Betet für mich den 126. Psalm; über ihn ging die letzte Predigt am Tage der Verhaftung.

Mein letzter Gedanke, liebste Frau, wird sein, daß ich Euch des Heilands Gnade und meinen Geist in seine Hände befehle. So will ich glaubensfroh sterben.

Und ich möchte, daß auch Du »die immer heitere Frau von Haeften« bleibst, scherze und lache mit unseren Kindern, herze sie und sei fröhlich mit ihnen; sie brauchen Deine Frohnatur; und wisse, daß nun nichts mehr nach meinem Sinne sein könnte.

So grüße ich Euch, meine lieben Liebsten, mit dem alten Grußwort: »Freuet euch in dem Herrn allewege und abermals sage ich: freuet euch! Und der Friede Gottes bewahre eure Herzen und Sinne in Christo.«

Grüße und küsse von mir unsre lieben Kinder. Und Dich selbst, meine allerliebste Frau, Dich küsse und umarme ich und halte Dich an meinem Herzen mit den flehendsten Wünschen für Zeit und Ewigkeit.

Dein Hannis

Blick in Gottes Thronsaal

Der Seher Johannes, der geistliche Führer der Gemeinden Jesu in Kleinasien, der heutigen Türkei, wurde wegen seines Bekenntnisses zu Christus auf die unwirtliche Insel

Patmos verbannt. Dort wird es ihm geschenkt, für eine kurze Zeit gleichsam den Vorhang beiseite zu ziehen, der unsere Welt von der unsichtbaren Welt Gottes trennt. Nun kann er beschreiben wie es im Himmel, also im vollendeten Reich Gottes, aussieht.

Dies sind seine Worte:

Danach sah ich: eine große Schar aus allen Nationen und Stämmen, Völkern und Sprachen; niemand konnte sie zählen. Sie standen in weißen Gewändern vor dem Thron und vor dem Lamm (Jesus) und trugen Palmzweige in den Händen. Sie riefen mit lauter Stimme: Die Rettung kommt von unserem Gott, der auf dem Thron sitzt, und von dem Lamm.

Und alle Engel standen rings um den Thron, um die Ältesten und die vier Lebewesen. Sie warfen sich vor dem Thron nieder, beteten Gott an und sprachen:

Amen, Lob und Herrlichkeit, Weisheit und Dank, Ehre und Macht und Stärke unserem Gott in alle Ewigkeit! Amen.

Da fragte mich einer der Ältesten: Wer sind diese, die weiße Gewänder tragen, und woher sind sie gekommen? Ich erwiderte ihm: Mein Herr, das mußt du wissen. Und er sagte zu mir: Es sind die, die aus der großen Bedrängnis kommen; sie haben ihre Gewänder gewaschen und im Blut des Lammes weiß gemacht. Deshalb stehen sie vor dem Thron Gottes und dienen ihm bei Tag und Nacht in seinem Tempel; und der, der auf dem Thron sitzt, wird sein Zelt über ihnen aufschlagen. Sie werden keinen Hunger und keinen Durst mehr leiden, und weder Sonnenglut noch irgendeine sengende Hitze wird auf ihnen lasten. Denn das Lamm in der Mitte auf dem Thron wird sie weiden und zu den Quellen führen, aus denen das Wasser des Lebens strömt; und Gott wird alle Tränen von ihren Augen abwischen.

Offenbarung 7,9–17

Heimweh nach dem Himmel

1. Jerusalem, du hochgebaute Stadt, wollt Gott, ich wär in dir! Mein sehnlich Herz so groß Verlangen hat und ist nicht mehr bei mir. Weit über Berg und Tale, weit über blaches Feld schwingt es sich über alle und eilt aus dieser Welt.

2. O schöner Tag und noch viel schönre Stund, wann wirst du kommen schier, da ich mit Lust, mit freiem Freudenmund die Seele geb von mir in Gottes treue Hände zum auserwählten Pfand, daß sie mit Heil anlände in jenem Vaterland?

3. Propheten groß und Patriarchen hoch, auch Christen insgemein, die weiland dort trugen des Kreuzes Joch und der Tyrannen Pein, schau ich in Ehren schweben, in Freiheit überall, mit Klarheit hell umgeben, mit sonnenlichtem Strahl.

4. Wenn dann zuletzt ich angelanget bin im schönen Paradeis, von höchster Freud erfüllet wird der Sinn, der Mund von Lob und Preis. Das Halleluja reine man spielt in Heiligkeit, das Hosianna feine ohn End in Ewigkeit.

5. Mit Jubelklang, mit Instrumenten schön, in Chören ohne Zahl, daß von dem Schall und von dem süßen Ton sich regt der Freudensaal, mit hunderttausend Zungen, mit Stimmen noch viel mehr, wie von Anfang gesungen das große Himmelsheer.

Text: Johann Matthäus Meyfart 1626
Melodie: Melchior Franck (?) 1663 / Darmstadt 1698

Ein Stückchen Himmel im Herzen

Wer einen lieben Menschen in der Ewigkeit hat, wächst nun in einen neuen und weiteren Horizont hinein und läßt sich ein Stück Himmel schenken.

Ein Stückchen Himmel im Herzen ist wie ein Licht in der Nacht, das uns durch Dunkelheiten und Trauer die Zielrichtung weist. So sind wir da schon ein wenig zu Hause, wo wir eines Tages sein werden, und sehen jetzt schon den Glanz, der durch das Schlüsselloch fällt.

In immer neuen Bildern – denn alles Himmlische ist mit Worten nicht wiederzugeben – versucht die Bibel vom Himmel zu sprechen.

Im Mittelpunkt Gottes Thron der Herrlichkeit und Erhabenheit, von dem Ströme von Liebe, Leben und Licht ausgehen – davor die Anbetungschöre der Engel voll himmlischer Harmonien – die Glückseligkeit der Erlösten, die ihr Leben reingewaschen haben im Blut des Lammes Jesus, dem alle Ehre gebührt – das himmlische Jerusalem, die vollkommene Gottesstadt mit den Wohnungen der Seligen, die nun in beglückender Harmonie miteinander leben, wie es ihnen auf Erden nicht möglich war. Sie schenken einander nur Liebe und Freude, weil sie nun ohne Neid, Egoismus und Hochmut sind. Sie sind eins in der Liebe zum Vater, eins in der Liebe zum Sohn, eins in der Liebe zum Heiligen Geist. Sie sitzen auf Thronen als Mitregenten Christi und nehmen teil an der Weltherrschaft Gottes, haben Feste und Feiern, Freude über Freude, Staunen und Jauchzen, Dienste und Aufträge, Beschenktsein und Reichtum ohne Ende . . .

O himmlische Heimat, sollten wir dir nicht zueilen, denen nach, die uns schon den Weg vorangingen?

»Wenn der Herr die Gefangenen Zions erlösen wird,
dann werden wir sein wie die Träumenden.
Dann wird unser Mund voll Lachens
und unsere Zunge voll Rühmens sein!« (Psalm 126,1)

Und hab ich mir dies alles
zu irdisch ausgedacht –
Herr, laß mich's schöner finden
in ungeahnter Pracht! Wilhelm Löhe

Sieht und liebt mich mein Mann?

Er liebte seine Kinder und mich über alles; er liebte auch seine Freunde und Verwandten, die große Gemeinde der Christen, seinen Beruf und vieles mehr. Am meisten liebte er Jesus Christus, und er wollte dessen Auftrag hier erfüllen. Dieses Lieben, Denken und Wollen prägte sein Wesen und war ein Teil seiner unzerstörbaren Persönlichkeit, die nun in der Ewigkeit lebt. Er nahm mit sich, was er hier gedacht und erstrebt hatte, um jetzt von einer höheren Warte aus weiter seine Ziele zu verfolgen und seine Liebe zu betätigen.

So denke ich, daß unsere verklärten Toten mit ihrem Lieben und Fürsorgen uns mindestens ebenso umgeben, wie sie es bisher getan haben; ja, daß ihre Liebesabsichten nun weiter, tiefer und selbstloser geworden sind, gereinigt von allen egoistischen Nebenabsichten und entzündet von der Liebe Gottes, die sich in diese Welt verströmt.

»Die Liebe hört nimmer auf« (1.Kor.13) und liebt uns ohne Unterbrechung und ohne Ende.

Der Glaube wird sich in beglückendes Schauen verwandeln, die Hoffnung geht über in seligen Besitz – aber die Liebe bleibt.

Nur für uns Zurückgebliebenen ist die Liebe unserer Heimgegangenen nicht mehr so spürbar wie sie war, und doch »umgeben« sie uns wie eine unsichtbare Wolke (Hebr. 12,1).

Auch meine Kinder werden von ihrem heimgerufenen Vater begleitet, der jetzt schon die Ziele Gottes in ihrem Leben schaut, die für uns noch in der Zukunft liegen.

So viel näher ist uns jetzt der Himmel gekommen. Er reicht in unser Leben hinein und ist damit verwoben.

Alle Tränen getrocknet

Ich finde eine Predigt, die mein Mann am Ewigkeitssonntag gehalten hatte. Er sagte damals:

»Gott wird einmal alle Tränen trocknen!

Ich las von Vater Bodelschwingh, einem Mann, der viele Tränen gesehen und auch getrocknet hat, daß er sich so sehr über diese Beschäftigung Gottes gewundert hatte: der lebendige, heilige Gott nimmt die Menschen, die zu ihm gekommen sind, alle einzeln in seine seelsorgerliche Sprechstunde, unter vier Augen.

Er sagt: ›Nun erzähle mir einmal alles, wo es dir schwer ums Herz war, womit du nicht fertig geworden bist, alle deine Fragen, die dir kein Doktor und kein Pfarrer beantworten konnte, all das, worunter du gelitten hast!‹ Und man spricht sich aus. Unser Herz wird leicht und leichter, denn der lebendige Gott nimmt all unsre Schmerzen auf sein Vaterherz, bis unsre Augen ganz hell sind. Alles Schlimme ist weggewischt. Gott selbst tupft unsre letzten Tränen ab. Alle Wunden schließen sich, und Freude über Freude strömt in uns hinein, wie wir sie auf Erden nie gekannt haben. Ein einziges Strahlen: Wir sind gesund geliebt! Jetzt können wir von Herzen Gott loben, der so voller Hinwendung und Vergebung zu uns Menschen ist – deren Los es ist, voneinander zu scheiden, sich herzugeben.

Wir gehen hier ein Stücklein miteinander, und dann trennt uns der Tod. So viel Leid und verborgene Tränen umschließt ein Leben!

Aber es hätte keinen Tiefgang, wenn das Leid nicht wäre. Wenn's uns nur gutginge, wir wären oberflächlich und diesseitsbezogen. Keiner käme ins Gottesreich. Darum das Leid. Doch Gott selbst wird es stillen und alle Sehnsucht erfüllen.«

Heimgekommen

Felix Hoffmann

Verbindung mit den Verstorbenen

Wenn unsre Lieben am Leben sind, dann gehen unsere Gedanken zu ihnen, ganz gleich, wo sie sich auf dieser Erde befinden. Wenn aber ein uns Nahestehender in die Ewigkeit abgerufen wird, ist es ebenso natürlich, daß unsere Gedanken ihn dort suchen.

Die für uns unsichtbare Welt reicht in unsere diesseitige hinein. Zwischen uns und dem Reich der Toten ist nur ein dünner Vorhang. Wir sehnen uns danach, ihn zu durchdringen. Doch er ist nur von der anderen Seite her durchsichtig, nicht von der unseren. Wir können und sollen nicht hineinschauen.

Nur in wenigen Ausnahmen sind Verstorbene und Engel durch diesen Vorhang getreten und sichtbar geworden.

Jesus ist auch hier unser Vorbild. Nie suchte er Umgang mit den Abgeschiedenen. Nur einmal sind zwei verstorbene Gottesmänner auf Befehl des Vaters zu ihm getreten und haben ihn gestärkt (Matthäus 17).

Die Bibel verbietet es, von uns aus Verbindung mit den Toten zu suchen (3. Mose 19,31; 5. Mose 18,11). Alle, die sich trotz Verbot mit dem Spiritismus beschäftigen und Antworten von Toten erheischen, versündigen sich gegen Gott. Sie sollten mit einem erfahreren Seelsorger darüber sprechen.

Doch es gibt für uns eine gottgewollte Verbindung.

Diese Verbindung mit den verstorbenen Gläubigen geschieht über Christus. Sie sind die erlöste und triumphierende Gemeinde, wir hier die kämpfende Gemeinde, und beide zusammen bilden den »Leib Christi«, an welchem er das Haupt ist. Sie sind auf der himmlischen Seite mit ihm verwachsen, wir auf der irdischen Seite; so stellt er eine lebendige Verbindung dar.

Wie können wir sie nun ganz praktisch benutzen?

Eine fünffache Brücke bietet sich uns an:

die Gemeinde	– im Himmel und auf Erden liebt und lobt sie den dreieinigen Gott
der Gottesdienst	– im Himmel und auf Erden wird er gefeiert
das Abendmahl	– im Himmel und auf Erden wird es eingenommen
Gottes Wort	– im Himmel und auf Erden wird es gesagt, gehört und geglaubt
das Gebet	– im Himmel und auf Erden wird die göttliche Dreieinigkeit angebetet

Wenn wir beten, Gottes Wort hören und lesen, wenn wir aufrichtigen Sinnes im Gottesdienst sind, das Abendmahl feiern und uns treu zur Gemeinde halten, dann haben wir Verbindung mit der ganzen himmlischen Welt und mit unseren verstorbenen Lieben, die dort sind. Für mich ist das nicht nur ein Trost, sondern eine Stärkung und Beglükkung. Das Wort von der »Freude im Leide« ist Wahrheit.

Es ist zu beklagen, daß so viele Trauernde diese fünffache Brücke kaum benutzen oder sie gar verachten. Gott bietet sie uns an, denn er kann niemand traurig sehen.

VI. Veränderte Situation des Alleinseins

Die Witwenschaft
hat die meisten Wegweiser
meines Lebens verändert.
Wohin leiten sie mich?

Totenmonat und Totensonntag

Wenn die letzten Dahlien verblühen, die Blätter fallen und die Amseln nicht mehr singen, sondern nur noch Warnrufe ausstoßen, bin ich in mich gekehrt. Es ist November, der Sterbemonat meines Mannes. Traurige Erinnerungen. Ich sehne mich nach Licht und Freude.

Am Totensonntag, der eigentlich der Ewigkeitssonntag ist, schmücke ich dann die Wohnung mit Tannenzweigen und Strohsternen und stecke die erste Adventskerze an. »Bei uns beginnt der Advent eine Woche früher!« verkünde ich den Kindern und stelle die Weihnachtsliederbücher aufs Klavier. Blockflöten lege ich griffbereit und stimme das Cello. Die Aufforderung ist nicht zu übersehen, und bald singen und musizieren wir die alten Lieder. Da wird es heller in mir. Etwas wehmütig vermisse ich den Klang der Querflöte. Er freut sich, wenn er jetzt hört und sieht, wie die Kinder wachsen und sich entwickeln!, denke ich.

Der Totenmonat ist vorbei, und Advent ist schon da. Die erste Kerze leuchtet verheißungsvoll – bald werden viele brennen.

Weihnachten ohne Goldrahmen

Immer wenn das »Fest der Familie« naht, vermisse ich meinen Mann besonders schmerzlich.

Wieder einmal stehen die Kinder und ich vor der schweren Aufgabe, Weihnachten allein feiern zu müssen. Beim Aufstellen der Krippenfiguren trauere ich: »Vati wird uns am Heiligabend nicht die Weihnachtsgeschichte vorlesen, und nicht die Kerzen anzünden. Was wird das für eine Weihnacht werden ohne all das Schöne, das für unser Familienfest so bedeutungsvoll war?« In mir ist etwas, was immerzu weint und sich nicht beschwichtigen lassen will.

Am Heiligen Abend gehe ich mit den Kindern in den Familiengottesdienst. Als unser Pfarrer die Kanzel besteigt, trägt er zu unserem Erstaunen ein großes Bild unter dem Arm. Er zeigt es der Gemeinde; aber wir können das Gemälde nicht recht erkennen; nur der breite Goldrahmen, der es umgibt, fällt uns auf.

»Ein altes Weihnachtsbild«, erklärt er. »Der Künstler malte Josef und Maria mit dem Jesuskind im Arm, durch die geöffnete Tür drängen sich die Hirten in den ärmlichen Raum. Doch was haben wir heutigen Menschen aus dem Weihnachtsfest gemacht? Wir haben Weihnachten aus dem Rahmen genommen!« Der Prediger hantiert an dem Bild herum und hält dann den leeren Rahmen hoch. »Ein schöner Goldrahmen ohne Inhalt! Was kostet Weihnachten uns Arbeit und Hetze, Geld und Gedanken, bis wir uns diese familiäre Gemütlichkeit geschafft haben, die wir uns wünschen! Darum können viele von uns die wahre Weihnacht nicht mehr erkennen, weil der weihnachtliche Goldrahmen so breit und gewichtig geworden ist!«

»O Gott«, klage ich, »du selbst hast mir meinen Goldrahmen zerschlagen! So zeige mir jetzt die Weihnacht, die du für mich bereitet hast!« Ich horche nach innen und bekomme eine klare Botschaft: »Reiß deine Gedanken von den Scherben deines Goldrahmens weg! Sieh nicht auf das, was dir fehlt – sieh auf mich! Das ist nicht leicht für dich, aber ich helfe dir!«

Nun hält der Prediger das Bild ohne Rahmen hoch und spricht, wie Weihnachten wird:

»Da jammert Gott in Ewigkeit mein Elend übermaßen,
er dacht an sein Barmherzigkeit,
er wollt mir helfen lassen.
Er sprach zu seinem lieben Sohn:
›Die Zeit ist zu erbarmen!
Fahr hin, meins Herzens werte Kron',
und sei das Heil der Armen!‹
Der Sohn dem Vater gehorsam ward,
er kam zu mir auf Erden,
von einer Jungfrau rein und zart,
er sollt' mein Bruder werden.«

Ist das nicht Liebe, wenn den ewigen Gott mein Elend jammert? Ist das nicht Liebe, wenn der Weltenherrscher sich bis ins letzte um uns kümmert? Ist das nicht Liebe, wenn der Vater sich den einzigen Sohn vom Herzen reißt? Ist das nicht Liebe, wenn der Sohn den Glanz des Vaters verläßt und ein hilfloses Kind wird, in Armut geboren? Liebe zu allen Menschen und Liebe zu mir traurigen Frau! Diese Liebe ist viel größer als die Liebe, die wir seit meines Mannes Tod entbehren. Es ist die göttliche Liebe, die nicht zusehen will, daß unser Leben im ewigen Tod enden soll, sondern die alle, die sich von ihr lieben lassen, zu sich hinzieht in ein ewiges Leben ohne Entbehrung, ohne Schmerz und ohne Tränen.

Dieser Gott versteht uns, seiner Liebe können wir uns unbedingt anvertrauen.

»Liebe, dir ergeb ich mich, dein zu bleiben ewiglich!«

So meine Antwort diesem liebenden Gott.

Auf dem Heimweg weiß ich, daß ich Gottes Liebe, die mir verborgen war, wieder sehen kann. Aber ich sehe auch meine Kinder, wie sie alle sechs so ungeduldig und erwartungsvoll den Berg hinaufstapfen. »Gehen wir jetzt gleich ins Weihnachtszimmer?« fragt Mark, und sein Zwillingsbruder meint: »Ich werde das Weihnachtspaket von meinem Patenonkel zuerst auspacken!« – »Nein, als erstes kommt das Paket von den Großeltern dran!« bestimmt meine Tochter.

Ich blicke in die eifrigen Gesichter meiner Kinder und freue mich über den zwar schmaleren, aber doch noch vorhandenen Goldrahmen meiner Weihnacht.

Kindererziehung ohne den Vater

Wenn ich doch nur eine Oktave tiefer sprechen könnte!, denke ich, es hätte eine ganz andere Wirkung! Vermutlich verbrauche ich bei der Kindererziehung doppelt so viel Kraft, als wenn mein Mann noch da wäre. Wo ich mich vorher stark an ihn angelehnt hatte, muß ich jetzt in vielem allein entscheiden. Selbst meine anfänglichen Überlegungen, wie er entschieden hätte, sind bald überholt, da sich die Verhältnisse so schnell ändern.

Um das Fehlen des Vaters auszugleichen, bemühe ich mich, viel Geduld und Nachsicht zu üben. Aber nach einiger Zeit erkenne ich: ich habe zu wenig gefordert, war zu weich gewesen, habe den Kindern zu viel Verantwortung abgenommen und sie geschont. Das hat ihnen möglicherweise geschadet, denn sie müssen im Leben Härten verkraften, Entscheidungen fällen und durchziehen und lernen, sich nicht auf Kosten anderer zu schonen und zu verweichlichen.

Unsern Kindern fehlt der Vater vor allem in den Entwicklungsjahren, weniger in der Kinderzeit.

Und mir fehlt seine Korrektur und bei Problemen die klärenden Gespräche.

Auch die Kritik meiner Kinder trifft mich als einzigen Elternteil voll, und ich kann sie nicht wie andere Eltern halbieren. Die Mitwirkung von Verwandten ist nur dann hilfreich, wenn sie im Einklang mit der mütterlichen Erziehung geschieht und bei Spannungen die Kluft nicht noch verstärkt. Hierbei kann besonders männlichen Verwandten und Paten eine große Aufgabe als »Vaterersatz« zukommen.

Für jede Familie, in der ein Elternteil fehlt, ist es ungleich schwerer als in Vollfamilien, zusammenzuhalten, denn der Mittelpunkt, um den sich die Kinder scharen, ist geschwächt. Darum mache ich mir oft Gedanken darüber, was unsere Familiengemeinschaft fördern kann. Miteinander arbeiten, Gemeinsames unternehmen und aufbauen, das ist bestimmt eine Hilfe. Auch haben Not und Geldknappheit eine zusammenhaltende Wirkung. Doch im Laufe der Jahre gehen die Interessen der Kinder so stark auseinander, daß es fast unmöglich ist, alle sechs »unter einen Hut« zu bekommen.

Manche Probleme, die auch Vollfamilien belasten, werden uns nicht erspart: Schulfragen, Berufsfindung, den gewünschten Studienplatz erhalten, berufliche Hindernisse, Generationenkonflikte, verschiedene Meinungen über die Gestaltung von Freundschaften, Versuchungen, Unfälle und Krankheit . . .

Ich leide darunter und weine viele Tränen, daß stellenweise der Zeitgeist eine stärkere Beeinflussung auf meine Kinder hat als alle christliche Erziehung.

Bei Berufsentscheidungen belastet mich die alleinige Verantwortung. Wochenlang grüble ich darüber nach, was ich den Kindern raten könnte. Aber haben sie nicht Gott als Vater, der die Verantwortung übernommen und mehr Weitsicht als ein irdischer Vater hat?

Nun kommen je nach Alter die partnerschaftlichen Beziehungen auf meine Kinder zu. Werden sie sich bewähren und einen klaren Weg unter Gottes Führung zur Ehe hin einschlagen? Nur umbeten kann ich sie.

Ich habe keine größere Freude
als die, zu hören,
daß meine Kinder in der Wahrheit leben.

3. Johannesbrief 4

Von ihm erzählen

Zuerst sah ich, wo ich ging und stand, lauter schmerzliche Erinnerungen. Dabei krampfte sich mein Herz zusammen und machte mich wortkarg. Lange Zeit war mir der Mund versiegelt, von meinem Mann zu reden. Ich mußte mir Mühe geben, wenn ich den Kindern etwas von ihrem Papa erzählen wollte. Hierbei können Freunde helfen, Worte zu finden, indem sie einfühlsam Fragen stellen.

Aber jetzt ist es anders geworden. Ich habe viele frohe Erinnerungen, die ich gerne denen erzähle, die sich dafür interessieren. Auch werden mir die Schwächen meines Mannes wieder sichtbar und verhüten, daß ich mir ein Idealbild von ihm zusammenbastle oder ihn als Halbgott auf einem gedachten Sockel verehre. Wenn ich an seine Fehler denke, schmunzle ich verzeihend und empfinde ihn weniger unerreichbar.

Kleine Begebenheiten, humorvolle Episoden aus den gemeinsamen Jahren sollte ich eigentlich aufschreiben. Wenn ich Schönes erlebe, wenn ich Hilfe und Rat brauche, wünsche ich mir, daß mein Mann bei mir wäre, und oft habe ich den Eindruck: er ist nah. Ich brauchte mich nur umzudrehen, und er stünde hinter mir. Ich empfinde ihn als einen Bruder, der uns von der Ewigkeit her segnet.

Was ich nie für möglich gehalten hätte: es gibt eine Gemeinsamkeit auch über den Tod hinaus!

Ich überlege:

> Welche wertvollen Erinnerungen,
> kleine und große Begebenheiten
> möchte ich festhalten?

Die zweite Krise

Als unser zweiter Sohn Christof ins Studium ging, hatte ich einen Traum: Über mir hoch oben ein Segelflugzeug, von Christof gesteuert. Es zieht zuerst enge Kreise, die ich gut mit meinen Blicken verfolgen kann. Dann aber werden sie immer weiter und höher, bis es mit einem Schwung meinen Augen entschwindet. Traurig schaue ich in den leeren Himmel und denke: Er ist fortgeflogen!

Den Kindern sind Flügel gewachsen, und nun werden sie eines nach dem andern ausfliegen. Das ist für mich eine zweite Krise, die ich sechsmal durchstehen muß: jedes einzelne der Kinder hergeben! Obwohl ich mich all die Jahre ganz bewußt bemüht habe, mich keinesfalls an die Kinder zu hängen, fällt es mir jetzt schwer, sie in ein eigenständiges Leben fortziehen zu lassen. Ich habe das Gefühl, als sei der Mutterboden meines Herzens in Stücke gerissen. Da der Trennungsprozeß sich schon vorher abzeichnet, kostet er mir für eine längere Zeit manche Tränen.

Ich lasse meine Kinder los in ein gefahrenvolles Leben mit einer unsicheren Zukunft. Nun müssen sie selbst verantworten, was sie tun und lassen, und ich muß jetzt lernen, sie als selbständige Persönlichkeiten anzusehen. Ich übergebe sie bewußt dem himmlischen Vater zur Weitererziehung.

Eines tröstet mich: Der Segen ihres verstorbenen Vaters »baut auch ihnen Häuser« – ein Leben, in dem sie Schutz haben und sich für Gott und Menschen einsetzen können.

Angefochten

Genauso wie Gottes Auge über mir wacht, fühle ich mich vom Erzfeind beobachtet. Wenn er mich auch nicht vom Weg abbringen kann, so will er wenigstens verhindern, daß ich das Ziel, die ewige Herrlichkeit, erreiche. Darum inspiriert er mich immer wieder mit Entmutigungen: »Gib auf!

Es ist zu schwer für dich!« Er lähmt meinen Lebenswillen, flüstert mir Zweifel an Gottes Wort ein und unterhöhlt mein Vertrauen zum Vater. Es gelingt ihm, daß Enttäuschungen mich aufs tiefste deprimieren. Fleißig begießt er die Pflanze der Bitterkeit in meinem Herzen, daß ich mich zurückziehe und Kontakte abbreche aus Furcht vor neuen Verwundungen.

Als Trauernde habe ich einen weit schwächeren Standpunkt als früher an der Seite meines Mannes. Ich stehe allein und ungeschützt wie eine Zielscheibe und habe das Gefühl, es ist nicht nur einer, der seine Pfeile auf mich schießt: Der Erzfeind hat Helfershelfer gedungen – von allen Seiten werde ich angegriffen. Als einen Schutz empfinde ich verständnisvolle Familienangehörige, wie meine Eltern, die mich in solchen Zeiten täglich anrufen und mir Mut zusprechen. Aber auch manche Freunde und Gemeindeglieder sind mir durch ihre Gebete eine Rückendeckung.

Läßt Gott die Anfechtung zu, daß ich durch Bewährung erstarke?

Was ich nicht sehen kann, aber eine Tatsache ist: ich habe unsichtbar einen Mitstreiter an meiner Seite, der stärker als die Angriffskraft des Satans ist, sonst wäre ich längst unterlegen: Jesus.

> Werdet stark in der Gemeinschaft mit dem Herrn
> und in der Kraft seiner Stärke!
>
> Zieht die Vollrüstung Gottes an,
> damit ihr gegen die Methoden des Satans bestehen könnt.
>
> Denn das ist nicht der eigentliche Kampf,
> wenn wir mit Fleisch und Blut zu tun haben,
>
> sondern wir haben zu kämpfen
> gegen die Übermächte und Gewalten,
> gegen die Herrscher der Finsternis
> und gegen die Geister der Bosheit in den Himmeln.

Darum nehmt die volle Waffenrüstung Gottes,
damit ihr am bösen Tag widerstehen
und alles gut durchführen
und als Sieger das Feld behalten könnt!

Epheser 6

Nicht vergleichen!

Johannes berichtet am Schluß seines Evangeliums, wie der Auferstandene seinen Jüngern am See begegnet. Dabei nimmt er Simon Petrus etwas zur Seite und gibt ihm einen neuen Auftrag, aber auch einen Durchblick auf sein Lebensende. Ganz klar sieht Petrus vor sich die Richtung, die ihm vorgegeben ist. Auf einmal hört er hinter sich Schritte. Er wendet sich um und sieht Johannes auf sie beide zukommen. Sofort verlassen seine Gedanken die Spur, die ihm eben der Herr gezeigt hat: »Und was wird mit Johannes, dessen Dienst und Sterben? Hat er einen anderen Auftrag?« Schon hat Petrus diese Frage formuliert. Aber Jesus wendet sich ihm zu und fordert ihn entschieden auf, sich allein auf seine Aufgabe zu konzentrieren.

Diese Begebenheit steht mir immer dann deutlich vor Augen, wenn ich in Gefahr bin, Vergleiche zu ziehen zwischen mir und anderen, bei denen scheinbar alles wie am Schnürchen geht: wo der Vater das Familienoberhaupt ist, wo die Kinder spuren, wo es nach außen hin schön klappt und gut aussieht.

»Schau nicht darauf, wie ich andere führe!« korrigiert Jesus meinen neidischen Blick und lenkt ihn wieder auf meine Berufung.

Alle Wege Gottes, so verschieden sie aussehen, haben sie doch die gleiche Tiefe: sie sind voller Erbarmen.

Sei gut zu dir!

Als ich meine Freundin, die auch verwitwet ist, besuche, hatte sie den Tisch geschmackvoll gedeckt und eine gute Schallplatte aufgelegt. Der ganze Raum strahlt eine wohltuende Freundlichkeit und eine helle Atmosphäre aus. Ich äußere mein Erstaunen. »Gerade weil ich allein bin«, meint sie, »mache ich alles besonders schön; das tut mir gut. Ich esse z.B. nie ohne eine Blume oder eine brennende Kerze auf dem Tisch!« Beschämt gestehe ich ihr, daß ich mir, wenn die Kinder erst am Nachmittag aus der Schule kommen, nicht einmal die Mühe mache, ein Mittagessen für mich zu kochen: »Wozu auch? Nur für mich allein so viele Umstände?«

»Du bist wertvoll in Gottes Augen! Darum ist deine Mühe für dich selbst keine Verschwendung!« entgegnet sie.

Auf dem Heimweg betrachte ich vor einem Juweliergeschäft eine schöne Halskette. »Schmuck läßt man sich schenken!« bemerkt jemand neben mir. »Von wem?« frage ich traurig und überlege: Mein Mann hätte mir sicher diese Kette gekauft! Darf ich sie mir selber schenken? Nein, ich kann auch ohne diesen Schmuck leben! Eisern gehe ich weiter.

Zu Hause beschäftigt mich dieses Problem: Darf ich mir einmal einen freien Tag ohne Kinder gönnen? Eine neue Frisur ausprobieren? Ein Sonntagskleid leisten? Eine neue Tapete im Wohnzimmer anbringen? Warum? Nur so zur Freude!

Wochenlang zögere ich. Dann gehe ich eines Tages zum Juwelier, kaufe mir die Kette und habe die glückliche Gewißheit, im Einklang mit Gott und meinem Mann zu stehen.

Welche Ideen kann ich mir zuliebe verwirklichen?

Die kleinen Freuden

Augen, die viel weinen, verlieren an innerer und äußerer Sehkraft, weil sie durch den Schmerz wie gelähmt sind. Darum ist jetzt ein neues Blicktraining notwendig für ein aufmerksames Leben, kleine Freuden des Alltags wahrzunehmen: einen Blumenkelch, der sich in Vollkommenheit öffnet, das muntere Hüpfen eines Vogels, die Färbung des Abendhimmels, das verschiedene Grün der Bäume, die Freude eines Kindes, eine Überraschung am Morgen, ein Lächeln im Gesicht des andern, ein hilfreiches Buch . . .

Jeder Tag birgt das Abenteuer, kleine Freuden zu entdekken. Man muß nur helle Augen und ein offenes Herz haben, um zu sehen, daß Gott das Kleine schön macht.

Ich beginne einen neuen Kalender:

Datum:	gefreut über:

Schwalbenschwanz

Er brach aus seiner Puppenhülle,
den ich als Raupe fand im Garten,
nach langem, langem Winterwarten.
Nun in des Frühlings Pracht und Fülle
entfaltet er die freie Schwinge,
der schönste aller Schmetterlinge.

Käthe Traudt

Da wird es hell in einem Menschenleben,
wo man für das Kleinste danken lernt.

Friedrich von Bodelschwingh

Beschäftigungen fürs Herz

»Wer singt denn da?«, fragen die Kinder. Verlegen meine ich: »Weder Spatz noch Amsel!« Bald erstehen wir ein neues Tonband mit Vogelstimmen und forschen und lernen eifrig. Seither hören wir Grasmücken trillern und Buchfinken schmettern.

»Was krabbelt denn da?« Jetzt werden die Käferarten und Raupen studiert. Einmal bringen die Kinder Teichmolche heim. Wir schlagen in Brehm's Tierleben nach, was Molche fressen und gehen auf Futtersuche.

Im Garten lege ich ein Staudenbeet an und lerne neue Blumensorten kennen; im Wohnzimmer gestalte ich ein Blumenfenster, genau wie es im Buch steht.

Alles Beschäftigungen fürs Herz! Sie bringen innere Saiten zum Klingen und erfordern ganz anders als die normale Arbeit eine besondere Hingabe. Für Trauernde wirkt es wie Lebenselexier, eigene, entsprechende Ausdrucksformen zu finden: Musik ausüben – warum kann ein Erwachsener nicht auch Musikunterricht nehmen?

Tonarbeiten gestalten – zum Modellieren hat jeder Fähigkeit! Neue Bücher lesen – die Bibliotheken laden dazu ein! Kurse für Basteln, Kochen und Bauernmalerei belegen – die Volkshochschule bietet sie an; Trockenblumen stekken, Gedichte verfassen, Talente entdecken und erweitern . . .

Die Apathie, die wie ein Frost alles Leben erstarren läßt, schmilzt unter den Sonnenstrahlen neuer Ideen.

Dadurch entstehen Kontakte mit Menschen, die gleiche Interessen haben, und die Freude an neuen Begegnungen erwärmt mein Gemüt.

Welche Beschäftigung würde mich erfreuen?
Womit kann ich beginnen?

Technische Probleme

Der Wasserhahn tropft, der Ausfluß ist verstopft, das Fenster klemmt, ein Kurzschluß ist in der Leitung, das Auto muß zum TÜV – was tun? Soll ich verzweifeln? Jammern?

Wer so Schweres leistet, nämlich den Verlust eines geliebten Menschen zu verkraften, der kann auch alle die kleinen Probleme nach und nach meistern: Formulare ausfüllen, auf Ämter gehen, ein Konto führen . . . Lohnsteuerausgleich beantragen . . .

Viele Frauen waren klugerweise schon während der Ehezeit die Sekretärin und Finanzverwalterin ihres Mannes, so daß ihnen nun die Umstellung leicht fällt. Andere lassen sich diese für sie neuen Angelegenheiten einige Male erklären und werden merken, sie sind erlernbar: Alle Urkunden, Unterlagen und wichtigen Papiere legen wir in beschriftete Ordner ab und richten uns ein Kleinbüro ein. Viele Formalitäten treten alle Jahre wieder auf, so daß wir bald Routine gewinnen. Nur wer sich davor fürchtet oder zu bequem ist, lernt wenig dazu. Unzählige Frauen erledigen jetzt Dinge, die früher der Mann tat, und siehe, im Laufe der Zeit gelingen sie immer besser.

Es gibt alleinstehende Frauen, die ein Haus bauen, das Geschäft weiter führen und große Verantwortung übernehmen, was früher niemand für möglich gehalten hätte.

Ein tropfender Wasserhahn und der verstopfte Ausfluß dürfen mich nicht mehr kopfscheu machen. Ich überlege in aller Ruhe: Soll ich den Handwerker anrufen? Jemanden um Rat fragen? Oder erst einmal diese Angelegenheit näher untersuchen? Vielleicht selbst die Zange in die Hand nehmen? Im Buch »Selbst ist die Frau« nachschlagen? Oder soll ich aus pädagogischen Gründen keinen Finger rühren und eines der Kinder darauf aufmerksam machen?

Was für eine Freude für mich, wenn einer meiner Söhne dieses technische Problem von selbst wahrnimmt und es in eigener Verantwortung löst!

Sorgen-Übergabe-Vertrag

Trotz mancher Hilfen befallen mich immer wieder Sorgen und wollen mich zermürben. Nachts kann ich nicht schlafen und wälze mich im Bett von einer Seite auf die andere. ». . . die Sorgen, sie stehen ums Lager her; die Sorgen, sie lasten so schwer!«

Eines Tages gibt mir jemand, der meine Not erahnt, den Sorgen-Übergabe-Vertrag. Ich will ihn ausprobieren. So stelle ich meinen Sorgenkatalog zusammen und übergebe ihn unserem himmlischen Vater zur weiteren Bearbeitung. Wie wird er unsere Probleme lösen? Ich bin gespannt!

Sorgen-Übergabe-Vertrag

zwischen dem Unterzeichnenden und Jesus Christus gemäß 1. Petrus 5,7: »Alle eure Sorgen werft auf ihn, denn er sorgt für euch!«

§ 1 *Ich übergebe* Jesus Christus meine Sorgen und verliere alle weiteren Bearbeitungsrechte.

§ 2 *Er übernimmt* meine Sorgen zur weiteren Bearbeitung und kommt für die allerbeste Erledigung auf.

§ 3 Die *Anzahl* der übertragenen Sorgen ist unbegrenzt.

§ 4 *Rückgabe-Sperrklausel:* Bei dem Versuch, den Vertrag zu brechen und rechtswidrig die abgegebenen Sorgen an sich zu reißen, ist der Unterzeichnende verpflichtet zu folgendem Gebet:

> *»Ich danke dir, daß du meine Sorgen*
> *bereits endgültig übernommen hast.*
> *Ich vertraue dir, daß du dich ganz*
> *für mich einsetzt.«*

§ 5 Zur *Vertragsausführung* wird im einzelnen empfohlen:

a) Die abzugebenden Sorgen *aufschreiben* und in die Bibel einlegen (z.B. auf der Seite von 1.Petrus 5,7).

b) Die Sorgen außerdem im Gebet *mündlich übergeben.*
c) *Übergabe-Dank-Gebet täglich* wiederholen.
d) Späteres *Abhaken* der erledigten Sorgen und Dankgebet.

....
Unterschrift des abgebenden
Vertragspartners

....
Ort und Datum

Manche Tage sind für mich eine Last

1. Herr, manche Tage sind für mich eine Last. Ich find keine Ruhe, mich treibt nur die Hast. Doch du willst mein Friede sein, willst mir immer Kraft verleihn, im Alltag zu bestehn, mit dir den Weg zu gehn.

2. Herr, manche Tage vergehn in Traurigkeit. Ich finde den Trost nicht, mich hält nur das Leid. Doch du willst die Freude sein, willst mir immer Kraft verleihn, im Alltag zu bestehn, mit dir den Weg zu gehn.

3. An manchen Tagen, Herr, quält mich meine Schuld, mir fehlt deine Liebe, mir fehlt die Geduld. Doch du willst mein Helfer sein, willst mir immer Kraft verleihn, im Alltag zu bestehn, mit dir den Weg zu gehn.

4. Herr, dafür dank ich dir, daß du mit mir gehst, daß du meine Sorgen, mein Leben verstehst, daß du, Herr, mich dennoch liebst, daß du deinen Geist mir gibst und Freude noch dazu. Der Grund dafür bist du.

Aus: Neue Lieder-EC, Heft 1, Born Verlag, Kassel
Wort u. Weise: J. Goneinhardt, Satz: Manfred Nommenmann

Einsamkeit

In einem Märchen hat ein reicher Vater seiner Tochter eine Nuß mitgebracht – nur eine rauhe, harte Nuß. Zuerst war die Beschenkte bitter enttäuscht, dann aber entschließt sie sich, das Geschenk anzunehmen und die Schale zu öffnen. Was kommt zum Vorschein? Ein kostbarer Ring!

Die Einsamkeit hat nicht nur eine rauhe, sondern auch eine stachelige Schale, an der wir uns blutig stechen können. Einsamkeit ist eine Not, unter der viele leiden. Aber wenn wir sie annehmen und öffnen, entdecken wir ihren wertvollen Inhalt: Hilfen zur Reifung der Persönlichkeit, Wege zur Eigenständigkeit, Möglichkeiten zur Vertiefung und Selbstprüfung, Chancen zur Verwandlung, Freude an Ungebundenheit und mehr Zeit haben als früher.

Einsamkeit – ich kann sie nicht mehr entbehren und suche sie mehr und mehr. Wenn wir aber nicht die Geduld haben, die stachelige Schale der Einsamkeit zu öffnen, verursacht sie uns viele Stiche, die zu einer inneren Blutvergiftung führen können. Unser ganzes Wesen wird mehr und mehr verbittert, so daß andere uns ungenießbar finden und uns meiden. Dadurch wird die Einsamkeit bedrängend und unsere Bitternis fast tödlich.

Die Gabe der Einsamkeit will entdeckt werden. Ihr stacheliges Gehäuse können wir täglich im Gebet auf der Schutthalde der Menschheit abladen – da wo das Kreuz steht.

Praktische Ratschläge:

Einmal am Tag die Wohnung verlassen und mit
Menschen sprechen,
für die abendliche Heimkehr ein Licht brennen lassen,
für die Wochenenden Besuche und Einladungen planen,
sich um andere kümmern, sich engagieren,
keine »Ersatzgefährten« nehmen wie:
Fernsehgerät, Alkohol, Schleckereien, Klatsch . . .
Veranstaltungen besuchen und vieles mehr.

Umgang mit Ehepaaren

Manches, was früher unproblematisch war, ist nun schwieriger geworden. So muß jetzt die Freundschaft mit jeweils einzelnen Ehepaaren gut überlegt werden. Meine Erfahrungen, die ich machte: Es ist gut, als Alleinstehende die befreundete Ehefrau möglichst zu einer Zeit zu besuchen, in welcher der Ehepartner nicht anwesend ist. So fühlt sich das Ehepaar durch einen Dritten nicht gestört; Eifersucht und Neid werden vermieden, und die Witwe erspart sich das Gefühl, nur das dritte Rad am Wagen zu sein. Denn gerade in der Konfrontation mit einem Ehepaar wird der Verlust der Zweisamkeit schmerzlich bewußt.

Wo die Altersunterschiede größer sind, ergeben sich diese Probleme weniger, besonders wenn das Ehepaar seine Aufgabe darin sieht, einsamen Menschen Freundschaft zu schenken. Ältere wie junge Witwen können bald einen unbefangenen und natürlichen Umgangston finden und Gespräche durch ihre Erfahrungen bereichern.

Niemand braucht dabei zu erschrecken, wenn er freischwebende, symphatische Gefühle empfindet; denn wir sind als Mann oder Frau geschaffen und nicht als geschlechtslose Wesen. Doch wir müssen unbedingt solche Empfindungen kontrollieren, damit sie sich nicht in uns einnisten können, um Ungutes auszubrüten. Unser Kontrollorgan ist ein geschärftes Gewissen. Untrüglich sagt es uns, wo wir uns von Personen des anderen Geschlechts anregen und beflügeln lassen dürfen, und wo der Ehefrieden durch uns gefährdet werden könnte. Eine bewußte Absage und der Verzicht wirken niemals tödlich, sondern lassen vielmehr den Charakter erstarken.

Auf der anderen Seite werden Witwen oft Gefühle unterstellt, die sie gar nicht haben. Ich habe mich oft gewundert, wie falsch die Vorstellung anderer über die Empfindungen von Verwitweten ist. Darum ist es so wichtig, daß in Vereinen und Kirchengemeinden, im Berufs- und Privatleben, überall Begegnungen stattfinden, die den Horizont erweitern, und wo Alleinstehende einen wertvollen Beitrag geben können.

Allerdings besteht gerade für Witwen die Gefahr, sich an Menschen zu hängen und von ihnen Hilfe zu erwarten. Darum läßt Gott Enttäuschungen zu, damit wir endlich lernen, unabhängig von Menschen und allein abhängig von ihm zu werden. Eigenständig sein und den Blick auf Gott gerichtet, so sind wir richtungweisende Menschen in einer orientierungslosen Zeit.

Darum präge ich mir ein:

> Es ist gut, auf den Herrn zu vertrauen,
> und sich nicht zu verlassen auf Menschen!
>
> Psalm 118, Vers 8

Akzeptierte Enthaltsamkeit

Nachdem der erste, schwere Schock über den Verlust des Ehepartners abgeklungen ist, meldet sich besonders bei den jüngeren Zurückgebliebenen schmerzhaft das Gefühl des Nicht-mehr-begehrt-seins durch den Ehegatten. Seine Zärtlichkeit und körperliche Nähe müssen nun entbehrt werden. Wie kann man damit fertig werden?

Zuerst gilt es, die Tatsache anzunehmen, daß mit dem gewaltsamen Abbruch der Ehe nicht plötzlich die sexuellen Gefühle und Wünsche verschwunden sind. Doch sind die sexuellen Nöte, im Gegensatz zur Meinung Außenstehender, viel geringer als die Nöte im seelischen und geistlichen Bereich. Dazu kommt, daß es leichter ist, den Körper zu kontrollieren, als Gefühle und Gedanken. Wer nüchtern über seine Sexualität nachdenkt und die Kontrolle in der Hand behält, der treibt nicht unversehens in Gewässer ab, was er im nachhinein bedauern müßte. Besonders hilfreich ist, seine Gedanken im vertrauensvollen Gespräch mit

Freunden oder einem Seelsorger auszutauschen. Dadurch klärt sich manches, und die innere Spannung wird entschärft. Auch werden einem Schuldgefühle dem Verstorbenen gegenüber im seelsorgerlichen Gespräch abgenommen.

Je mehr einer erlebt, daß er ernstgenommen, geschätzt, geliebt und mit Wärme und Herzlichkeit beschenkt wird, ohne daß diese erotisch-sexuell mißdeutet wird, desto schwächer kann das Bedürfnis werden, den Liebesmangel unbedingt sexuell befriedigen zu müssen. Im säkularen Raum wird behauptet, daß jeder das Recht habe, seine Sexualität auszuleben, auch außerhalb der Ehe und ohne Verpflichtung Menschen gegenüber: »Ich kann über den Gebrauch meiner Sexualität ganz allein bestimmen, und so wie ich bestimme, ist es recht! Hauptsache, ich befriedige meinen angeborenen Geschlechtstrieb!« Solche Menschen fühlen sich niemandem verantwortlich, weder der Familie, noch den Freunden, noch der Gemeinde, noch Gott.

Im christlichen Raum ist die sexuelle Beziehung der Partner keinesfalls aus der Verantwortung vor Gott und Menschen herausgelöst. Sie dient zum Aufbau und zur Bereicherung ehelichen Lebens, dem Einswerden von Mann und Frau, dem gegenseitigen Sicherkennen und Hingeben. Die Bibel hat eine so hohe Einschätzung der Ehe, daß sie den Geschlechtsverkehr nur den Ehegatten vorbehält. Familientragödien, Kummer und Eifersucht, Ehebruch und Ehescheidung unterstreichen nur das Anliegen der Bibel.

Es ist eine unbestreitbare Tatsache, daß der menschliche Organismus durchaus ohne sexuelle Beziehungen leben kann, aber nicht ohne gefühlsmäßige Zuwendung und Bestätigung. Die sexuelle Enthaltsamkeit schadet weder dem Körper noch dem Gemüt – im Gegenteil: sie befreit zu einem neuen, erfüllten Leben, das der Ehegemeinschaft in nichts nachsteht. Ungeahnte, schöpferische Kräfte werden frei für Neues. Viele Persönlichkeiten in unserer Welt – Männer wie Frauen – sind Beweise dafür.

Allerdings braucht es Zeit – vielleicht Wochen, Monate

oder Jahre – bis diese Befreiung von seelischen und körperlichen Spannungen erlebt werden kann. Unzählige können es bestätigen, daß sie eines Tages dieses Problem in den Griff bekommen haben.

Als Übergang meinen viele Einsame, sich in Selbstbefriedigung flüchten zu müssen. Aber auch diese füllt nicht die Lücke, die der geliebte Ehepartner hinterlassen hat, sondern führt ins Leere. Es gibt ein Geheimnis, das schwer in Worte zu fassen ist: Christus selbst will diese Lücke füllen.

»Fürchte dich nicht, denn du sollst nicht enttäuscht werden. Schäme dich nicht, denn du wirst nicht wieder zu erröten brauchen, sondern sollst die Schande deiner Jugendzeit vergessen und der Schmach deines Witwenstandes nicht länger gedenken müssen. Denn der dich geschaffen hat, ist dein Mann.« Jesaja 54, 4–6

VII. Neue Chancen

»Es bedarf der ganzen Gelassenheit
meines Glaubens
um das, was mir das Herz bricht,
anzunehmen und zu verwandeln
in ein konstruktives Element.«
Teilhard de Chardin

Neue Kontakte

Eines Abends, als die Kinder ins Bett gegangen waren, frage ich mich: »Was habe ich eigentlich heute den Tag über geredet? Nur Dinge, die die Kinder betrafen, die großen und die kleinen; so heute wie gestern und vorgestern. Mindestens eine Woche lange habe ich kein anregendes Gespräch mit Erwachsenen geführt! Das darf nicht so weitergehen! Wo ist eine kleine Gruppe, in der ich so manche Probleme austauschen kann?« Da fällt mir eine frühere Einladung ein. Sofort ziehe ich meinen Mantel an und mache mich auf den Weg zu »Elise«, um der Vereinsamung entgegenzuarbeiten. Fast hätte sie mich umarmt, als sie mir öffnet! Ihre Wohnung ist eng, und ihr Herz ist weit. Sie hatte für uns fünf Frauen Kuchen gebacken, den Tisch gedeckt und auf jeden Teller eine Postkarte gelegt. Sogleich sind wir im angeregten Gespräch über Kindererziehung, Ehenöte, Freuden und Belastungen. Am Schluß schlägt unsere Gastgeberin zu meiner Verblüffung vor: »Wir wollen das alles noch unserem Herrn sagen!« In großer Offenheit betet jede von uns laut, als sei es die natürlichste Sache der Welt – für mich ein Erlebnis der Gemeinschaft untereinander und mit Gott. Dankbar und beschwingt gehe ich heim und nehme mir vor, solche Gelegenheiten nicht mehr zu versäumen.

Welche neuen Kontakte könnte ich aufnehmen?
Wo sind in meiner Kirchengemeinde solche Gesprächsrunden?
Wer könnte mir Auskunft geben?

Negative Erlebnisse umwandeln

Es ist schwer zu verstehen: Schon wieder hatte man vergessen, mich einzuladen! Ich hatte mich so darauf gefreut, aber jetzt fühle ich mich gedemütigt und aus dem vertrauten Leben hinausgewiesen in die Einöde. War es Absicht? Gedankenlosigkeit? Wieder ist ein Riß entstanden. Wann werde ich mich daran gewöhnt haben?

Das ist eine Tatsache, die in der egozentrischen Natur des Menschen liegt: Gerade Einsame werden vernachlässigt und übergangen, nicht einmal, sondern viele Male.

Auch die Apostelgeschichte berichtet in Kapitel sechs, daß Witwen bei der Kleider- und Essenszuteilung übersehen wurden. Heute haben bei uns die Witwen genug zu essen und genug anzuziehen. Sie sind aber auf einem anderen Gebiet arm: es fehlt ihnen an freundschaftlichen Begegnungen, am gemeinsamen Erleben mit anderen und an Achtung in der Öffentlichkeit. Finanzielle Nachteile zu meistern, ist nicht so schwierig, als Vernachlässigungen zu verkraften.

Im Neuen Testament wurde dieser grobe Fehler wiedergutgemacht: Aus der Notsituation ist ein Neues entstanden – das Amt der Diakonen, eine hervorragende Einrichtung, die sich sogleich bewährte.

Darum überlege ich: Wie könnte in meinem Fall aus Kränkungen Neues werden? Meine Aufgabe ist es, aus dem Minus ein Plus zu machen.

Die Erleuchtung: Ich will nicht mehr warten, bis man mich einlädt, sondern ich selbst will liebe Freunde einladen, aber auch solche, die vernachlässigt werden. Schon bin ich am Telefon: »Hallo, habt ihr den morgigen Abend schon verplant? Ich würde mich so sehr freuen, wenn ihr mich besuchtet! Herzliche Einladung!«

Aus diesen Anfängen entsteht mit der Zeit ein Hauskreis, der sich regelmäßig in meinem Wohnzimmer trifft. Es kommen mir manche Ideen, wie wir ihn gestalten können. Die Tage vorher bin ich voller Erwartung, am Abend selber erfüllt von der Gemeinsamkeit und am Tag danach beglückt über diese Möglichkeit in meiner Wohnung.

In der Öffentlichkeit

Früher lebten Witwen und Unverheiratete geborgen in der Großfamilie, jedoch in der Öffentlichkeit wurden sie nicht erwartet. Heute leben sie oft sehr isoliert, doch in der öffentlichen Meinung sind zwei Strömungen zu erkennen: die rückständige möchte die Alleinstehenden als Statisten sehen, während Verheiratete die Haupt- und Nebenrollen besetzen. Das gibt den Unverheirateten ein Gefühl der Unterlegenheit und der sozialen Unsicherheit.

»Was Witwen und alleinstehende Frauen brauchen, ist weniger Mitleid und mehr tatsächliches Aufgenommenwerden in das gesellschaftliche Leben!« (K. Wiebe)

Die fortschrittliche Meinung orientiert sich an der Tatsache, daß Alleinstehende ebenbürtig sind und erwartet von ihnen Lebensbejahung, Tüchtigkeit und Mitwirkung in Kirche und Gesellschaft. Auch bei Feiern und öffentlichen Festen, in Konzert und Theater kann die Alleinstehende mit der gleichen Selbverständlichkeit erscheinen wie die Verheiratete am Arm ihres Mannes. Alles verächtliche Denken über Nichtverheiratete wird als unsozial und rückständig bezeichnet.

Nur älteren Witwen fällt es schwer, die vielen Möglichkeiten zu erkennen, sich wieder in die Gesellschaft zu integrieren, um aus der Enge in die Weite zu kommen. Da sie in den ersten Jahren der Witwenschaft oft nicht die Kraft zur Initiative haben, brauchen sie verständnisvolle Menschen, die ihnen die Tür in die Öffentlichkeit öffnen. Gerade von Christen wird diese Nächstenliebe erwartet.

Wie komme ich aus meiner Isolierung heraus?

In meinem Stand

Juristisch gesehen gibt es vier Stände: ledig, verheiratet, verwitwet, geschieden.

Glücklich verheiratet zu sein und Kinder zu haben, das war das erstrebenswerte Ziel meiner Mädchen- und Ehejahre. Aber jetzt hat Gott mir eine neue Lebensordnung auferlegt. Sollte sie geringer sein? Ist sie eine Halbierung oder Verminderung meiner Person? Zuerst schien es mir so. Der Übergang in den dritten Stand, auch die physische Umstellung, war voller Probleme. Aber nach Jahren ist mir klargeworden, daß meine jetzige Lebensstellung der Ehe voll und ganz ebenbürtig ist. Sie birgt sogar Möglichkeiten des Dienstes und der Entfaltung in sich, die ich als verheiratete Frau nicht hatte.

»Ehe und Ehelosigkeit sind zwei absolute christliche Existenzweisen, die unser Wesen in seiner Ganzheit betreffen.« (Roger Schutz)

Als Witwe muß ich nicht Entbehrung leiden, nicht als Amputierte herumlaufen, sondern ich habe eine umfassende Lebenserfüllung. Längst habe ich wieder mein inneres Gleichgewicht gefunden: in mir selbst ruhend und zugleich zielorientiert.

Ich sehe auf meine beiden Hände. Am rechten Ringfinger trage ich meinen Ehering, am linken den verkleinerten meines Mannes, weil ich nicht überall als Witwe erkannt sein wollte. Jetzt aber ziehe ich ganz bewußt den Ring von der linken Hand und stecke ihn auf den Finger meiner rechten – ein breiter Doppelring leuchtet mir entgegen, und laut spreche ich: »Ja!« – mein nachträgliches Ja zur Berufung in den neuen Stand.

Unsere Welt braucht Frauen, die nicht durch die Ehe gebunden sind und doch die Fähigkeit haben, frauliche Wärme und Mütterlichkeit in alle Bereiche des Lebens hineinstrahlen zu lassen. Die alleinstehende Frau hat Kräfte und Zeit frei, welche die verheiratete für ihren Mann braucht. So hat manche Witwe Begabung und Können entfaltet, von denen sie während ihrer Ehezeit nichts ahnte.

In unseren Kirchengemeinden brauchen wir Verantwortliche, die diesen brachliegenden Reichtum entdecken und fördern.

Eines Tages werde ich nicht mehr die Witwe meines Mannes sein, sondern ich selbst sein; denn Witwenschaft ist nicht Ende, sondern Durchgang zu einem neuen Menschsein, das Gott mir zur Verfügung stellt. Sie ist für mich die größte Herausforderung, die ich bisher erlebt habe, und dadurch ein Reifungsprozeß zum Ziel hin.

Wachstum zum neuen Menschsein

Meine Freundin, eine Kriegerwitwe, sitzt mit ihren beiden Enkeln im Zug. Ihr gegenüber ein Großelternpaar, das sich reizend mit seinem Enkelkind unterhält.

Wenn mein Mann noch da wäre, hätten unsere Enkel auch noch die Atmosphäre des Großelternhauses! Wieviel könnte es ihnen bedeuten!, denkt meine Freundin; jetzt haben sie nur noch die Hälfte: mich! Wie? Bin ich nur ein Halbes? Bestimmt nicht! Ich bin ein eigenständiger Mensch, selbständig und selbstwertig.

So ist es: Wenn durch den Tod einer weggeholt wird, bleibt die andere »Hälfte« zurück. Jetzt aber muß der Zurückgebliebene nachwachsen zu einer neuen und vollen Persönlichkeit, die sich mehr und mehr zu einem fruchtbaren Leben entfaltet. Es ist nicht mehr künstlich aufrechtzuerhalten, was einmal war, sondern ein Neues will gestaltet werden, das nicht weniger wertvoll als das Alte ist. Eine Persönlichkeit, die mit sich selbst, der Umwelt und mit Gott im Frieden ist, die weiß, wer sie ist und wofür sie auf der Welt ist, kann für andere viel bedeuten.

Im Selbstbedauern steckenbleiben und im Witwendasein verkümmern – oder zum neuen Menschsein reifen – das ist die große Entscheidungsfrage, die an alle Verwitwete gestellt wird.

Wiederverheiratung

Ich fasse zu einem verwitweten Mann meines Alters Vertrauen. Ähnliche Erlebnisse verbinden uns. Eines meiner Kinder beobachtet mit Einfühlung die Herzlichkeit, mit welcher er sich von mir verabschiedet und kommt dann zu mir: »Mutti, wenn du das tust, gehe ich fort und komme nie mehr heim!« Erschrocken sehe ich, wie seine Lippen zusammengekniffen sind und sein Kinn zittert.

Daraufhin überlege ich mir sachlich die Vor- und Nachteile einer Wiederheirat und erkenne, daß ich meine mir kostbare Eigenständigkeit aufgeben müßte, die ich mit soviel Tränen erworben habe. Und immer sehe ich das bebende Kinn meines Sohnes vor mir – aber auch ein einsames Alter, wenn alle meine Kinder mein Heim verlassen haben und meine Fürsorge nicht mehr brauchen.

In meiner Not frage ich eine Freundin, die in einer zweiten Ehe lebt, um Rat. Ausführlich schreibt sie mir:

Meine liebe Hanne!

Denke zuerst über das Pauluswort nach, das im 1. Korintherbrief Kapitel 7 steht: ». . . Eine Frau ist durch die Ehe gebunden, solange ihr Mann lebt. Wenn der Mann stirbt, ist sie frei, zu heiraten, wen sie will. Bedingung ist allerdings, daß es im Glauben und im Gehorsam gegen den Herrn geschieht. Freilich, dem vollkommenen Leben, der Seligkeit näher ist sie – meiner Meinung nach – wenn sie von da an ohne Ehe bleibt.«

Nun muß Du einige sachliche Erwägungen ins Auge fassen:

Manche Neuverwitwete meinen, eine baldige Wiederheirat oder eine eheähnliche Freundschaft würde die Wunde heilen und die sexuellen Probleme lösen. Sie übersehen, daß sie in dem neuen Partner den Schatten des verlorenen lieben. Dazu kommt, daß der Verstorbene in der Er-

innerung einen Glorienschein erhält, an den besonders bei Enttäuschungen der neue Partner nicht heranreichen kann.

Ein ›halber‹ Mensch, der mit einem Teil seines Wesens an der Vergangenheit hängt, ist nicht ehefähig. Erst wenn die Wunde völlig vernarbt und der Verwitwete wieder zu einer harmonischen Persönlichkeit geworden ist, kann, falls es Gottes Führung ist, eine zweite Ehe zu einer neuen Lebenserfüllung werden.

Die meisten Witwer heiraten wieder nach ein – zwei Jahren oder leben in einem eheähnlichen Verhältnis, z.T. aus praktischen Gründen, damit sie jemanden haben, der ihnen den Haushalt führt und sie im Alter versorgt. Von den Witwen sind es bedeutend weniger, die eine zweite Ehe eingehen, da sie in praktischen Dingen selbständiger sind. Jeder sollte eine nicht zu kurze Zeit allein gelebt haben, um sich über sich selbst klar zu werden. Gut ist, sich seine Charaktereigenschaften gründlich bewußt zu machen, damit die neue Ehe in Gestaltung und Wesen wirklich neu wird und nicht die Fehler der alten wiederkommen.

Die Ehe ist ein Vertrag und ein Gelöbnis, das öffentlich sichtbar wird, darum wird sie durch die Eheschließung rechtlich gemacht und geschützt.

Nun meine persönlichen Erfahrungen:

Ich war 30 Jahre alt und hatte eine vierjährige Tochter, als mein Mann starb. Viele, die meinen Schmerz miterlebten, rieten mir, mich bald wieder zu verheiraten. Aber ich empfand diesen Gedanken wie einen Ehebruch und schob ihn weit von mir. Wenn andere für mich Heiratspläne schmiedeten, verletzte es meine Gefühle. Jahre später merkte ich, daß ein Witwer mit zwei größeren Kindern um mich warb. Der Schritt in eine zweite Ehe muß gründlich überlegt werden. In einer eheähnlichen Freundschaft hätte ich mich trotz der finanziellen Vorteile nicht wohl und geborgen fühlen können. Sie hätte mein Gewissen belastet, und ich wäre nicht frei der Verwandtschaft und der Öffentlichkeit gegenüber gewesen. Dazu schätze ich eine Ehe zu hoch ein, als daß ich sie um Geldes willen in ein Verhältnis erniedrige.

War ich fähig, einen zweiten Mann mit allen Konsequenzen, die daraus folgen, zu lieben? Werde ich die neuen Probleme bewältigen können? Wird er meiner Tochter ein rechter Vater, ich den zwei Stiefkindern eine liebende Mutter sein können? Werden sie mich annehmen und Vertrauen zu mir gewinnen?

Ich bat Gott um Klarheit, da er die Zukunft weiß, die mir verborgen ist. Monatelang kam ich mir wie ein lebendes Fragezeichen vor. In der Silvesterfeier dachte ich daran, daß im neuen Jahr die Entscheidung fallen müsse; darum erbat ich mir von Gott ein untrügliches Zeichen und zog meine Jahreslosung: »Laßt uns festhalten am Bekenntnis der Hoffnung, und nicht wanken, denn Gott ist treu!« (Hebr. 10,23). Nach einiger Zeit erhielt ich einen Brief von diesem Witwer, der auch Christ war, worin er mich mit genau diesem Bibelwort ermutigte. Es paßte wie der richtige Deckel auf mein Gefäß voller Fragen. Ich konnte es beiseite stellen und gab mein Jawort.

Als in unserer neuen Familie wegen der verschiedenen Kinder die ersten Probleme auftauchten, dachte ich über die Kraft der Blutsbande nach; sagt doch das Sprichwort: »Blut ist dicker als Wasser!« Wieder stand ich fragend vor Gott. Er erinnerte mich an seinen sterbenden Sohn, der zu seiner Mutter im Blick auf Johannes sagte: ›Siehe, das ist dein Sohn!‹, und zu Johannes: ›Siehe, das ist deine Mutter!‹ Von da an galten anstelle von Blutsbanden Christi Liebe und Auftrag. Aus dieser Kraft war es meinem zweiten Mann und mir möglich, die angenommenen Kinder genau so liebzuhaben wie eigene.

Mehr und mehr wuchsen wir zu einer Familiengemeinschaft zusammen. Ich lernte meinen zweiten Mann so zu lieben wie er ist, ohne im stillen Vergleiche mit meinem ersten Mann zu ziehen, und seine Verwandten anzunehmen, als seien sie meine Verwandten.

Ganz bewußt bemühten wir uns, in den Kindern geschwisterliche Gefühle zu wecken und keinen Anlaß zur Eifersucht zu geben. Wir planten viele gemeinsame Unternehmungen und erlebten miteinander frohe, aber auch belastende Ereignisse, die uns mehr und mehr verbanden. Hie und da bezogen wir in unsere Gespräche die verstorbenen Elternteile mit ein und hingen von jedem ein Bild auf. Auch überdachten wir das Erbe liebevoll und gerecht und legten es fest, daß später zwischen den Geschwistern kein Streit entstehen kann.

Die Lücke, die mein erster Mann hinterließ, ist nun mit neuen Aufgaben gefüllt. Ich denke mit Dankbarkeit an ihn wie an einen lieben Bruder und lebe mit ganzer Hingabe an der Seite meines zweiten Mannes. Nachträglich hat es sich bestätigt, daß der neue Lebensweg von Gott gewollt war . . .

In Liebe und Fürbitte denkt an Dich, liebe Hanne,

Deine Ruth

VIII. Aufträge und Gaben

»Es kostet Arbeit und eine heilige innere Zucht,
daß wir nicht zurückblicken auf das,
was Gott uns genommen hat,
sondern auf die Aufgaben, die er uns stellt.«

Helmut Thielicke

Stellung der Witwe in der Gemeinde

Als Pfarrfrau hatte ich eine eindeutige Stellung in der Kirchengemeinde. Doch als Pfarrerswitwe muß ich mich jetzt neu orientieren. Etwas zaghaft biete ich meine Mitarbeit im Kindergottesdienst und bei der Gestaltung von Familiengottesdiensten an. Mein Angebot wird überhört oder vergessen. Gelten bei uns unbewußt noch alttestamentliche Vorstellungen?

Ich forsche in der Bibel, was sie über die Stellung der Witwe aussagt.

Im Alten Testament bedeutete die Witwenschaft Schmach und Schande (Jes. 54,4). Nach dem Tod ihres Mannes zog die Frau schmucklose Trauerkleider an, lebte verachtet und rechtlos in Armut und Zurückgezogenheit. Darum hat Gott mit väterlicher Fürsorge sich ganz besonders der Witwen und Waisen angenommen: So versuchen im 5. Mosebuch Sonderbestimmungen ihr Los zu erleichtern, und göttliches Strafgericht drohen die Propheten denen an, die Witwen, Waisen und Ausländer unterdrücken und ausbeuten. Für den Gläubigen im Alten Testament ist es höchste Pflicht, sich um die Alleingelassenen zu kümmern; Gott segnet ihn reichlich dafür (Hiob 29,13). In den Psalmen und Sprüchen zeigt sich Gott als fürsorgender Vater der Waisen und Anwalt der Witwen, ja sogar als ihr »Mann«.

Jesu Stellung zur Frau bedeutet einen Wendepunkt für alle Frauen. Er bejaht den Geschlechtsunterschied, und er stellt die Frau dem Mann als gleichwertiges Gottesgeschöpf an die Seite, ruft Frauen in seine Nachfolge und ist ihr theologischer Lehrer, während sie im Alten Testament nicht einmal würdig waren, das Gesetz zu lernen (Mk. 12,40; Mt. 23,14; Joh. 4,27 u.v.a.).

In der Urgemeinde wurden die mittellosen Witwen unterstützt, was zugleich eine Ehrung für sie war (Apg.6).

Auch in den Jungen Kirchen wurden die Witwen, die keine Verwandten haben, von der Gemeinde versorgt.

Schließlich wurde die Witwe aus dem Objekt zum Subjekt der dienenden Liebe: geeignete Frauen wurden in das Witwenamt (Viduat) berufen. Sie mußten würdig dafür sein, ein entsprechendes Alter haben, ehelos bleiben und Gutes tun (1.Tim. 5,9–16). Man verstand dieses Witwenamt als Verlöbnis mit Christus. Daraus entwickelte sich wertvoller Dienst innerhalb der Gemeinde. So war der Viduat das erste Modell eines weiblichen Amtes in der Kirche. Die geistlichen Gaben sollen nicht brachliegen angesichts des großen Arbeitsfeldes.

Jesus hat bahnbrechend gewirkt: Die Frauen wurden aus alten Zwängen befreit, und rechtlose, verachtete Witwen konnten vollamtliche Mitarbeiterinnen in der christlichen Gemeinde sein.

Ich stelle fest:

In der Öffentlichkeit hat die alleinstehende Frau ihren Platz längst eingenommen; aber in vielen Kirchengemeinden meiner Umgebung wird ihr Beitrag zu gering bewertet. Doch wo ihr die Tür geöffnet wird, kann ich erkennen, wie Einsatzbereitschaft, Ideenreichtum und Fähigkeiten mancher Witwe die alten, begrenzten Vorstellungen übertreffen: Frauen, die bisher nur Glieder der christlichen Gemeinde waren, sind nun verantwortlichdenkende Mitarbeiterinnen mit Führungsgaben. Ihr Zeugnis ist glaubwürdig, weil sie in Leiderfahrung Bewährte sind.

Wo ist aber nun mein Platz in meiner Kirchengemeinde?

Es vergehen leider Jahre, bis ich ihn endlich entdecke.

Ich werde gebraucht

»Was hat Ihnen geholfen, Ihr Leid zu verkraften, ohne bitter zu werden?« frage ich Karola, eine junge Witwe. Ihr Mann war im Steinbruch tödlich verunglückt, und jetzt ist sie von schwerer Krankheit kaum genesen. »Ich besuche hier im Dorf regelmäßig eine gelähmte Frau. Sie freut sich, wenn ich zu ihr komme!« lautet die Antwort.

Diese Witwe ist durch das eigene Leid hellsichtig und hellhörig geworden für fremdes Leid. Ihr Mann braucht nicht mehr umsorgt zu werden. Nun sind bei ihr Kraft, Zeit und Liebe frei geworden, die sie dieser Gelähmten schenkt. Dafür schenkt ihr Gott so viel Trost, Heilung für Körper und Seele, Freude und das Wissen: Ich werde gebraucht!

Das erinnert mich an eine indische Geschichte:

Einer Mutter starb ihr einziges Kind. Sie war untröstlich, bis sie den Auftrag erhielt, sich Blumen für einen Strauß zu erbitten aus Häusern, wo es keinen Kummer gibt. So ging sie von Haus zu Haus und hörte viel Leidvolles, wo sie helfen und raten konnte. Dadurch überwand sie ihren eigenen Schmerz. Ohne Blumen, doch getröstet, kehrte sie zurück. Im ganzen Ort gab es kein Haus, das keinen Kummer kannte, keine Familie, wo kein Trost nötig war.

Für andere dasein ist Medizin für das wunde Herz. Wer offene Augen hat, der erkennt viele Möglichkeiten, zu helfen und zu erfreuen: Nachbarschaftshilfe, Betreuen von Kindern und alten Menschen, Gespräche mit Einsamen . . .

Doch wer körperlich zu schwach ist, um Aufgaben zu übernehmen, der kann immer noch den wichtigsten Dienst erfüllen, den es gibt: beten!

»Ich bekomme so manche Probleme anvertraut«, sagte mir eine alte, gebrechliche Witwe, »weil alle wissen, daß ich sie vor Gott bringe. So erleben wir immer wieder, wie Dinge in Ordnung kommen, weil Gott Gebet erhört!«

Liebe schenken ist nie Vergeudung.

Einige Wochenstunden

Psychologen sagen, daß die Kinder bis zu sieben Jahren ihre Mutter ungeteilt brauchen. Erst dann, wenn die natürliche Ablösung beginnt, könne sie mit gutem Gewissen teilweise berufstätig werden. So bewerbe ich mich, als meine beiden Jüngsten in die zweite Klasse kommen, einige Religionsstunden in der gleichen Schule zu erteilen. Ob ich nach all den Jahren meines Hausfrauendaseins dazu noch fähig bin?

An jenem ersten Morgen gehe ich mit meinen Kindern gemeinsam aus dem Haus. Sie strahlen: »Mutti muß auch in die Schule!« In großer innerer Spannung betrete ich die Klasse, in der meine eigenen Kinder sitzen. Vor mir 45 Paar erwartungsvolle Kinderaugen! »Singt ihr gern? Ich habe euch ein Lied mitgebracht: Gott hält die ganze Welt in seiner Hand, Gott hält auch dich und mich in seiner Hand . . .!« Wir machen die Bewegungen dazu, die ganze Klasse ist mit Begeisterung dabei.

Als meine Zwillinge nach Hause kommen, bin ich gespannt auf ihr Urteil. Mark: »Mutti, du stehst ja in der Pause bei den Lehrern!« Das hätte er seiner Mutter nicht zugetraut. Luk: »Meine Freunde haben gesagt, du bist 'ne prima Religionslehrerin!« Sie sind befriedigt und stolz, hatten sie doch keinen Vater mehr, zu dem sie aufschauen konnten.

Ich selbst finde eine neue Identität, einen Platz im Leben, wo ich mich geschätzt weiß. In der Schule bin ich anerkannt als die Fachlehrerin Hannelore Risch, nicht als die Frau, auch nicht als die Witwe meines Mannes.

Bis zu 21 Jahren war ich die Tochter meines Vaters. Dann wurde ich die Frau von Hermann Risch und die Mutter unserer sechs Kinder. In dieser Zeit begann ich zu fragen: Wer bin eigentlich ich? In den letzten Jahren war ich die Witwe meines Mannes. Doch damit bin ich noch nicht am Ziel angelangt. Das Leben geht weiter. Neue Lebensbereiche öffnen sich, in denen ich mir selber näher komme.

Im Beruf

Es wird mir angeboten, meine Berufsausbildung weiterzuführen, um ein Examen ablegen zu können. Nach reiflicher Überlegung kürze ich meine Lehrtätigkeit, um Zeit fürs Studium zu gewinnen. Was mir früher in den Schoß fiel, ist jetzt im reifen Alter viel schwerer: lernen. Doch nach zwei Jahren erreiche ich das Ziel und kann ein Pfarramt auf dem Lande übernehmen. In drei Dörfern, die zusammen eine Kirchengemeinde bilden, sage ich jetzt vielfältig weiter, was ich selbst erfahren habe: Trost, Rettung und Sinnerfüllung gibt es durch Jesus Christus.

Andere Witwen sind Altenpflegerin, Kinderdorfmutter oder Gemeindeschwester geworden. Viele nehmen ihren alten Beruf wieder auf oder arbeiten in Häusern der Diakonie. Arbeitsämter beraten über Fortbildung und Möglichkeiten der Umschulung.

Ältere Witwen können eine Teilzeitbeschäftigung annehmen, oder sie setzen ihre Kraft und Fantasie in einem ehrenamtlichen Dienst ein.

Ohne Zweifel: Gott führt!

GOTT
HILFT
UNS NICHT
AM LEIDEN
VORBEI/
ABER ER
HILFT UNS
HINDURCH

J·A·BENGEL

IX. Ins verheißene Land

»Mein Angesicht soll vorangehen;
damit will ich dich leiten!« spricht der Herr.
2.Mose 33,14

Was bleibt, wenn alles bricht?

Nie vergesse ich das letzte ausführliche Gespräch mit meinem Mann am Abend vor seiner schweren Operation. Es war mir, als würden wir beide auf einem schwankenden Moorboden gehen, voller Angst, einzusinken in bodenlose Finsternis. Keiner wagte dem andern sein Bangen einzugestehen; denn wir wollten uns gegenseitig nicht entmutigen. Leise bat mein Mann: »Sag mir noch zum Abschied ein Trostwort aus der Bibel!« Ich horchte in mich hinein. Da sah ich etwas ganz anderes: den bodenlosen Brunnen der Liebe Gottes, die für uns überfließt, und langsam fand ich die Worte: »Nichts kann uns scheiden von der Liebe Gottes, gar nichts: weder Tod noch Leben, weder Gegenwärtiges noch Zukünftiges, weder Hohes noch Tiefes!« (Römer 8,38.39)

Jetzt war uns beiden bewußt: Wenn alles zerbricht, bleibt diese abgrundtiefe Liebe Gottes bestehen. Wir hatten wieder festen Grund unter den Füßen, alle Angst war überwunden. Uns war klar: diese Liebe würde uns durch alle Finsternisse tragen bis hin zum Ziel!

Schon vor unserer Ehe hatte jeder von uns beiden die Liebe Gottes in der Person Jesu Christi erkannt. Sie traf uns als ein vorbehaltloses göttliches Ja, und unabhängig voneinander haben wir dieses Ja erwidert.

Vielleicht ist es dem Jawort vor dem Traualtar zu vergleichen: Gott sagt in Jesus Christus Ja zu mir; daraufhin gebe auch ich ihm mein Jawort. Wie ungleich sind diese Partner!

Der heilige, ewige Gott verbindet sich in freiwilliger Liebe mit einem sündigen, vergänglichen Menschen! Und nichts kann diese Verbindung wieder auflösen, nicht einmal der Tod.

Als meine Ehe jäh zerbrach, da blieb diese Lebensverbindung mit Jesus Christus bestehen und gab mir Schutz und Halt. Wenn nun meine sechs Kinder nach und nach alle aus dem Haus gehen und selbständig werden, bleibt nicht Leere zurück, sondern der Herr selbst. Wenn in künftigen Jahren die körperlichen und geistigen Kräfte immer mehr abnehmen werden, mein Arbeitsfeld ganz klein werden wird und schließlich das Leben entschwindet, was bleibt dann ewig, unerschütterlich bestehen? Diese höchste Verbindung mit Jesus Christus, der personifizierten Liebe Gottes.

Oasen in der Trauerwüste

Ich liege in einem Garten mit Obstbäumen, die voller Früchte hängen, ein kleiner See mit Goldfischen und Blumen am Ufer, ein Brunnen, der unaufhörlich fließt. Diese grüne Insel am Rande der Stadt gleicht einer Oase in der Wüste.

»Hier an dieser Stelle«, wird mir erklärt, »war eine Schutthalde, trocken, sandig und unfruchtbar. Vor Jahren hätte es niemand für möglich gehalten, daß in dieser Landschaft eine solche Oase entstehen könnte!« – »Wie kam es?«, frage ich zurück. »Nun, man hat gewagt, hier einen Brunnen zu bohren. Aber man mußte sehr tief graben, bis endlich dieses Wasser hervorsprudelte, welches jetzt das Land bewässert!« Ich sinne: So entstehen Oasen in der Wüste.

Wenn ich zurückblicke auf die Jahre meiner Witwenschaft, dann erscheinen sie mir wie eine lange Wanderung von Oase zu Oase durch eine endlose Trauerwüste. Zu manchen Oasen hat Gott mich unverhofft hingeführt; sie waren eine Erquickung für mich – Freude im Leid. Hier konnte ich mich für die nächste Wüstenstrecke stärken. Aber manchmal war weit und breit kein grüner Fleck, keine einzige Hoffnung zu sehen, und ich war gezwungen, mitten in der Wüste tief zu graben, um lebendiges Wasser zu finden – ein Gotteswort, das mir wieder weiterhalf.

Ohne Oasen zu finden und ohne Brunnen zu graben, kommt keiner ans Ende der Trauerwüste; und ohne die unsichtbare Begleitung dessen, der die Wüste kennt, hätte ich nie die Grenze erreicht.

Voll Dankbarkeit denke ich an all die Orte der Erquickung und gebe ihnen Namen:

Gott steht Trauernden zur Seite
Er leidet mit uns
Er lädt uns nicht mehr auf, als wir tragen können
Er hat schon das Ende unsrer Leidenszeit im Auge
Er führt uns in Liebe den besten Weg
Wir sind nie verlassen, nie allein
Wenn wir nicht mehr weiter können,
setzt er seine Kraft für uns ein
Er ist unser Vater und tröstet uns
Er nimmt meine Bitterkeit weg und
wirft sie in den Ozean seiner Liebe
Verständnisvolle Menschen nehmen mich zwischen
sich und begleiten mich ein Stück Wegs
Der Herr weiß alles . . .

Fußspuren im Sand

Ich träumte eines Nachts,
ich ging am Meer entlang
mit meinem Herrn.

Und es entstand vor meinem Blick,
Streiflichtern gleich, mein Leben.

Für jeden Abschnitt, wie mir schien,
entdeckte ich je ein Paar Schritte in dem Sand:
Die einen war'n von mir,
die andern von dem Herrn.

Als dann das letzte Bild
an uns vorbeigeglitten war,
sah ich zurück und stellte fest,
daß viele Male nur ein Paar der Schritte
in dem Sand zu sehen war:
die Phasen meines Lebens,
die mir am schwersten waren.

Das machte mich verwirrt.
So wandte ich mich an den Herrn:
»Du sagtest einst zu mir,
du würdest immer bei mir sein!
Doch in den tiefsten Nöten meines Lebens
seh ich nur ein Paar Spuren in dem Sand.
Warum verließest du mich dann,
als ich dich bitter nötig brauchte?«

Der Herr nahm meine Hand:
»Geliebtes Kind,
nie ließ ich dich allein,
schon gar nicht in den Zeiten
der Leiden und des Angefochtenseins.
Wo du nur ein Paar Spuren in dem Sand erkennst,
da habe ich dich auf meinen Schultern treu getragen.«

Ein Krug voll Manna

Vierzig Jahre lang zog das Volk Israel durch die Wüste. An den Oasen hielt es sich länger auf, aber dann mußte es wieder weiterwandern durch öde Steppen voller Gefahren. Es wären alle umgekommen, hätte Gott sie nicht so wunderbar versorgt. Jeden Morgen lag es wie Tauperlen auf der Erde oder im Gestrüpp: Manna – unscheinbares Himmelsbrot. Es half ihnen, Notzeiten zu überstehen.

Einmal hat jede Wüstenwanderung ein Ende. Damals gebot Gott, der die Vergeßlichkeit seiner Menschenkinder kennt: »Bewahrt ein Maß voll Manna für die Nachkommen auf, damit sie das Brot sehen, womit ich euch in der Wüste ernährt habe!« (2.Mose 16,33). So ließ Mose einen Krug voll Manna aufbewahren zur Erinnerung daran, daß es allein Gottes Fürsorge und nicht eigene Tüchtigkeit war, die sie durch die Wüste gebracht hatte in ein neues Land hinein. Sie werden auch im verheißenen Land wieder vor neuen Schwierigkeiten stehen. Aber nun soll der Krug voll Manna sie daran erinnern: »So wie Gott euch durch die Wüste geholfen hat, so wird er auch in Zukunft euch treu zur Seite stehen!«

Ganz Ähnliches habe auch ich erlebt: Zwischen den Oasen auf den leidvollen Durststrecken hat Gott mir immer wieder das Nötigste geschenkt, so daß ich durchkomme bis ans Ende. Es ist Manna – unscheinbares Himmelsbrot – all die kleinen Hilfen und das treue Zureden meines himmlischen Vaters. Ich habe Erfahrungen am Rande des Todes gemacht, die mir an der Seite meines Mannes wohl nie möglich gewesen wären.

Darum habe auch ich einen Krug voll Manna gesammelt und aufbewahrt für meine Kinder und für alle Trauernden: dieses Buch! Ja, zur Hilfe für alle, die einen lieben Menschen verloren haben und zum Zeichen für Gottes Fürsorge auf den wüsten Strecken unseres Lebens. Gott ist treu! Ein jeder kann sich auf ihn verlassen und das Manna sammeln und dankbar aufbewahren; so entstünden viele Bücher, die bezeugen, wie Gott tröstet.

Lobe den Herrn,
meine Seele,
und vergiß nicht,
was er dir Gutes getan hat!

Psalm 103,2

Als Verwandelte in ein neues Land

Es ist ein herrlicher Spätsommer voll Sonnenschein und froher Ereignisse. Der Tod meines Mannes liegt fast sechs Jahre zurück.

An einem ruhigen Tag – ich weiß es noch wie heute – da nehme ich mir Zeit, mein Leben neu zu überdenken. Langsam wird mir klar, daß in diesen Tagen eine dunkle Bedrükkung von mir gewichen war. Die Trauerlast ist spürbar wie ein schwerer Stein von mir abgefallen. Ich atme auf und stelle fest, ich lebe leichter. Bin ich jetzt an der Grenze meiner Trauerwüste angelangt? All das Schwere liegt hinter mir, vor mir der Grenzfluß Jordan und ein neues Land, wohin Gott mich führen will. Soll ich hinübergehen?

Mein Fuß stockt: die Einöde der Trauer mit den Oasen und Brunnen ist mir in all den Jahren vertraut geworden – aber der neue Lebensabschnitt ist mir unbekannt. Es braucht Glaubensmut und einen tapferen Entschluß, ihn zu betreten.

An dieser Stelle wenden sich viele Leidtragende wieder um und gehen zurück in das alte Leben im Schatten. Wir alle kennen Menschen, die seufzen: »Ich habe so viel

Schweres durchgemacht!« Eine Atmosphäre der Schwermut umgibt sie, die auf andere niederdrückend wirkt. Man kann in ihrer Nähe nicht froh und frei durchatmen. Darum werden sie von vielen gemieden, was sie wiederum betrübt und einsam macht. Sie sind in Gefahr, bis an ihr Lebensende in ihrer Trauerwüste zu verharren und ihre Familienangehörigen mit Trauerschwere zu belasten.

Aber ich will jetzt den Grenzfluß durchschreiten und einen neuen Lebensabschnitt beginnen. Hinter mir die Trauerwüste, mit all den vielfältigen Erfahrungen – vor mir unbekanntes Land, das nun Stück für Stück eingenommen sein will. So wie der Herr mit uns war im Wüstenabschnitt, so wird er weiter bei uns sein im verheißenen Land.

Wir betreten es als Veränderte – gekennzeichnet durch die große Narbe, geprägt von Erlebnissen im Tal der Todesschatten, als Gebrochene, die wieder aufgerichtet wurden, als Verwundet-Gewesene und Wieder-Geheilte, ehemals in tiefer Trauer, jetzt wieder froh geworden. Wir sind nicht mehr zu vergleichen mit den Menschen, als die wir die Trauerwüste betreten haben.

Wer Schwerstes getragen hat, den kann Schweres nie mehr ganz zu Boden drücken. Wer im Innersten verletzt war und eine zugeheilte Narbenschicht als Schutz hat, den können nie mehr Verletzungen bis ins Tiefste treffen.

Tragfähig sind wir geworden und haben neue Möglichkeiten der Konfliktbewältigung erhalten. Wir sind nun besser in der Lage, das Wesentliche vom Wichtigen zu unterscheiden und nehmen die geringeren Dinge des Lebens nicht mehr so schwer. Die Realitäten dieses Lebens haben an Gewicht verloren, und das Leben nach dem Tod hat an Realität gewonnen. In der Grenzsituation zwischen Tod und Leben ist mir manche Selbsterkenntnis aufgegangen, die mir ohne jene Erfahrung nicht gekommen wäre. Vor allem ist mir der göttliche barmherzige Samariter begegnet, als ich dem Tode nah war, hat mich aufgehoben, verbunden und für Genesung treu gesorgt.

Von Menschen bin ich nun viel unabhängiger, dafür abhängiger von Gott, dem Vater, geworden. Gerade durch unsere vaterlosen Jahre lernten meine Kinder und ich Gott als Vater der Liebe, Vater allen Trostes, Vater der zartesten Fürsorge kennen. Früher war Gott eben Gott – jetzt aber ist er unser liebender Vater im Himmel, und wir sind seine Kinder.

Nachdem er uns getröstet hat, sind wir nun in der Lage, auch andere zu trösten. »Trösten können ist eine besondere Gabe. Doch sie ist nur zum Teil angeboren. Zum größten Teil ist sie angeweint. Je reichhaltiger und tiefer ein Mensch im Schmerz war und darin Trost erfuhr, desto eher findet er die Brücken zum Leid anderer« (Kurt Scherer). Eigene Leiderfahrung öffnet uns die Tür zum Gespräch mit Leidgeprüften.

Erst nach dem Tod meines Mannes ging mir auf, was Sterben und Auferstehung bedeuten; erst jetzt habe ich die Kraft, Sterbende zu begleiten und mit ihnen zu beten; erst jetzt rede ich mit Trauernden nicht mehr leere, gutgemeinte Worte, sondern kann ihnen die Schatztruhe meiner mutmachenden Erfahrungen öffnen.

Wir brauchen heute in unserer leiderfüllten Zeit solche Menschen, die sichtbare Beweise dafür sind, wie Gott tröstet und innerlich heilt.

Im Laufe der Jahre wuchs in mir ein dankerfülltes Verhältnis zu meinem verstorbenen Mann, das mir Sicherheit und Ausgeglichenheit verleiht. Immer wieder tauchen reiche Erinnerungen an unser gemeinsames Leben auf, die mir im Gespräch mit Verheirateten für deren Eheprobleme eine Hilfe sind.

Neidlos kann ich jetzt auf Ehen anderer sehen und mich mit ihnen freuen.

Hie und da, oft unvermutet, kommt es zwar vor, daß die alte Narbe wieder schmerzt. Aber dagegen gibt es ein bewährtes Heilmittel: sich von Jesus, dem barmherzigen Samariter, helfen lassen.

Beim Betreten des verheißenen Landes habe ich eine Neuordnung festgestellt: aus der Ehe- und Hausfrau und Familienmutter ist ein selbständiger Mensch geworden mit großem Aufgabengebiet und spezieller Zurüstung.

Was wir nie für möglich gehalten hätten: Wo wir ganz unten durchmüssen, da rüstet Gott uns aus für neue Dienste, für die wir das Erbgut aus der Trauerwüste mitbringen: Erfahrungen, Tragfähigkeit und ein besseres Sehvermögen für die vielfältigen Störungen im Verhältnis der Menschen untereinander. Ja, weil Gott uns in Todesnähe getröstet hat, sind wir jetzt Berufene, für ihn und für andere zu leben.

Gelobt sei Gott

Gepriesen sei der Gott und Vater Jesu Christi, unseres Herrn, der Vater des Erbarmens und der Gott allen Trostes.
Er tröstet uns in all unserer Not,
damit auch wir die Kraft haben,
alle zu trösten, die in Not sind,
durch den Trost, mit dem auch wir
von Gott getröstet werden.
Wie uns nämlich die Leiden Christi
überreich zuteil geworden sind,
so wird uns durch Christus auch überreicher Trost zuteil.
Sind wir aber in Not,
so ist es zu eurem Trost und Heil, und werden wir getröstet,
so geschieht auch das zu eurem Trost;
er wird wirksam, wenn ihr geduldig die gleichen Leiden ertragt, die auch wir ertragen.
Unsere Hoffnung für euch ist unerschütterlich;
wir sind sicher, daß ihr mit uns nicht nur an den Leiden teilhabt, sondern auch am Trost.
Wir wollen euch die Not nicht verschweigen, Brüder,
die in der Provinz Asien über uns kam
und uns über alles Maß bedrückte;
unsere Kraft war erschöpft,
so sehr, daß wir am Leben verzweifelten.
Aber wir haben unser Todesurteil hingenommen, weil wir unser Vertrauen nicht auf uns selbst setzen wollten, sondern auf Gott, der die Toten auferweckt.
Er hat uns aus dieser großen Todesnot errettet
und rettet uns noch;
auf ihm ruht unsere Hoffnung,
daß er uns auch in Zukunft retten wird.
Helft aber auch ihr, indem ihr für uns betet,
damit viele Menschen in unserem Namen Dank sagen
für die Gnade, die uns geschenkt wurde.

Paulus im 2. Korintherbrief (1,3–11)

Nachwort

Hannelore Risch beschreibt in ihrem Buch einen langen Weg: das Auseinandergerissensein durch den Tod, die Gedanken und Gefühle am Grab, die ersten Tage und Wochen, wo man nicht weiß, wie es weitergehen wird. Ganz subjektiv zeigt sie das Leid in dem Augenblick auf, wenn man merkt: »Ich bin als Witwe mit meinen Kindern auf ein Abstellgleis gestellt.« Und nun beschreibt sie die ersten Schritte zurück ins Leben. So lernt sie es wieder, sich selbst etwas zu gönnen, sich selbst eine Freude zu machen: Es sind die kleinen Oasen in der Trauerwüste . . .

Hannelore Risch geht tapfer ihren Weg – versucht aber nicht, als Heldin aufzutreten. Sie sagt ehrlich, wie schwer es ist, als junge Witwe mit sechs kleinen Kindern zurechtzukommen (die Jüngsten – Zwillingssöhne – waren zwei Jahre alt, als der Vater plötzlich starb). Was sie schreibt, soll eine praktische, seelsorgerliche Hilfe für andere sein, die sich plötzlich »allein« finden; aber auch für die, die helfen möchten; doch ratlos sind und nicht wissen, wie.

Ich bin denselben Weg gegangen, obwohl unsere Kinder älter waren, als ihr Vater an einem Herzversagen starb. Damals habe ich Hilfe von Hannelore Risch bekommen; denn sie hat mir das »Schlüsselloch zum Licht« gezeigt. Sie hat den Mut zu sagen: »Ich habe ein Stückchen Himmel im Herzen«, und weiß – so wie ich – daß der, »der zum Herrn heimgeht, in der Familie bleibt«, wie Hieronymus sagt. Durch diese Erfahrung und Erkenntnis wird der, der die Trauer trägt und besteht, von einer getrosten Heiterkeit erfüllt.

Salzburg, im März 1982 — Ingrid Trobisch

R. BROCKHAUS TASCHENBÜCHER

146/147 **Um Füße bat ich und er gab mir Flügel** v. D. C. Wilson
178/179 **Finger an Gottes Hand** v. D. C. Wilson
184 **Man lebt – fragt sich nur wozu?** v. K. Vollmer
188 **Das normale Christenleben** v. W. Nee
195 **Nachdenken – Umdenken – Neudenken** v. K. Vollmer
196 **Teenager-Probleme** v. K. Eickhoff
201 **Ich muß mit dir reden** v. K. Eickhoff
206 **Im Schatten des Allmächtigen** v. E. Elliot
209 **Und danach?** v. D. Winter
222 **Ich bin der Herr dein Arzt** v. H. C. Spurgeon
226 **Liebe dich selbst** v. W. Trobisch
228 **Das neue Erwachen** v. R. Hession
231** **Christy** v. C. Marshall
243 **Aber Herr Noah . . .** v. K. Vollmer
244** **Der Doktor von Titinow** v. R. Planner-Petelin
246 **Begegnungen und Erfahrungen** v. H. Thielicke
249 **Warum unbedingt Jesus?** v. W. Heiner
250 **Die Indios, meine Freunde** v. U. Wiesemann
252 **Fragen erlaubt** v. E. Price
254 **Die Zuflucht** v. C. ten Boom
256 **Warum ich nicht religiös bin** v. O. Hallesby
257* **Die Verlobung** v. W. Peper
261 **Ja, aber . . .** v. R. Forster und P. Marston
263 **Seelsorge – wie macht man das?** v. R. Ruthe
265 **Denken erwünscht!** v. G. Schröter
266 **Der Hut auf dem Dielentisch** v. J. R. Davis
267 **Zwischen Gott und Satan** v. H. Thielicke
268 **Rebell aus Liebe** v. G. Irwin
270 **Liebe, die den Haß besiegt** v. F. Kivengere
271 **Kleine Therapie für geistliche Durststrecken** v. W. Trobisch
273 ** **Der Eukalyptusbaum** v. A. Ignatius
274 **Krankheit muß kein Schicksal sein** v. R. Ruthe
279 **Jugend und Ehe** v. C. Meves
281 **Der Spiegel Gottes** v. W. Nee
283* **Wir waren damals auch nicht besser** v. A. Richardson
284 **Gott steckt im Detail** v. P. Köhler
285* **Trotz allem war's am Ende gut** v. M. Thiele
286 **Glaube trotz KGB** v. H. Hartfeld
287 **Die Brücke über den San** v. E. Dembsen
288 **Das Schweigen Gottes** v. H. Thielicke
289 **Wie sage ich: »Ich liebe dich«?** v. J. J. Swihart
290 **Gib nicht auf, Wanja!** v. M. Grant
291 **Der Schmuggler Gottes** v. Br. Andrew

292 **Wir sind hier fremde Gäste** v. G. Tersteegen
293 **Wie sollt ich Gott nicht loben** v. M. Claudius
294 **Geheime Fracht** v. J. H. MacLehose
295 **Täglich mit ihm sprechen** v. C. Marshall
296 **Im Weingarten** v. A. de Moor
297 **Der neue Sound** v. A. Malessa
298 **Eseleien** v. S. Kettling
301 **Die Geschichte von der Rippe und dem Apfel** v. I. Briscoe
302 **Ich gedenke der vorigen Zeiten** v. K. Heim
303* **Die Ziege in Großmutters Küche** v. A. Richardson
304 **Dein Typ ist gefragt** v. O. Hallesby
305 **Freu dich, das Beste kommt noch** v. C. ten Boom
306 **Mein Leben ist ein Wandern** v. L. Richter
307 **Unschuldig wie Gott sie schuf?** v. J. Illies
308 **Mit eigenen Augen** v. B. Giertz
309 **Das Schönste kommt noch** v. F. Rienecker
310 **Toleranz und Wahrheit, wie Hund und Katze?** v. S. Kettling
312 **Mit Gott durch dick und dünn** v. C. ten Boom
313 **Achtung: Fehlschaltung!** v. M. Horie
314 **Tal der Liebe** v. E. Hong
315 **Kinder brauchen mehr als Liebe** v. J. Wilt
316 **Der Nachbar aus dem andern Land** v. H. D. Quandt
317 **Schreiben befreit** v. W. Jentsch
318* **Trödeleien** v. A. Richardson
320 **Bete und staune** v. K. Marshall
321 **Der geheilte Patient** v. P. Hebel
322 **Die zweite Frau** v. B. Schmidt-Eller
323 **Dein Wort ist meines Herzens Freude** v. M. Luther
324 **Pioniere des Wortes** v. R. Steiner
325 **Pilatus** v. P. L. Maier
327 **Atomkraft – ja oder nein?** v. Heil/Mosner/Sautter
331 **Gott tröstet** v. H. Risch
332 **Freiheit** v. M. L. King
333 **Die Rettung der Verlorenen** v. T. Goritschewa
334 **Mit Muslimen leben** v. Troeger/Staub/Sookhdeo
335 **Damals im Sommer** v. C. Massey
336 **Luther als Seelsorger** v. T. Brandt
337 **Irina** v. H. Hartfeld
338 **Sterben – Der Höhepunkt des Lebens** v. Maier-Gerber
339 **Faulheit ist heilbar** v. R. Ruthe
340 **Wer nicht glaubt, glaubt auch** v. K. Vollmer
341 **Vom Kirchenvater Abraham u.a. Ungereimtheiten** v. S. Ben-Chorin

* »Erntebücher« – Besonders klares Schriftbild
** »Brockhaus Extra« – »Viel Buch für wenig Geld«